KB241244

행정학입문

서상원 교수의 행정학 시리즈

행정학입문

서상원 지음

이담 Books

서언

우리는 다양한 사회, 경제, 정치, 환경 변화에 살아가고 있다. 그중에서도 우리에게 직접 영향을 미치는 행정환경은 과거와는 매우 다른 양상으로 급변하고 있다. 내일을 알 수 없는 국제사회, 경제 질서 속에서 특히 국민, 정부, 정부기관, 시민들의의식, 참여욕구 등 다양한 환경에서 행정학은 발전해 왔고, 앞으로도 변화하고 진보해 나갈 것이다.

행정학은 매우 다양한 용어와 주변 학문과의 교류가 빈번하여 학문적인 정체성의 위기와 학자들의 견해가 다양하므로 범위가 깊어 학생들이 이해하기가 쉬운 학문이 아님은 누구나 인정하고 있다. 그러나 행정의 기초개념과 용어를 잘 이해하면 그 흐름을 파악하게 되어 학습하는 데 어렵지 않을 것이다. 내가 가르친 어떤 학생은 행정학을 배우고 난 후부터는 뉴스나 신문의 내용을 더욱 이해하기 쉬웠고, 뉴스 이면의 것을 파악하는 데 도움이 되었다는 말을 들어 흐뭇한 적이 있었다. 그만큼 행정학은 처음 용어 등이 생소한 불편함을 잘 넘기면 아주 재미있고 교양을 높이는 데 좋은 학문이자 과목이라고 생각한다.

이에 본 교재는 가능한 한 학생들이 쉽게 이해하도록 용어나 내용을 설명방식으로 구성해 놓았다고 자부한다. 총론이라 할 수 있는 이 교재는 행정학을 기초부터 이해하도록 행정학 접근방법, 행정의 가치와 행정이념, 현대행정과 시민사회, 행정의 책임과 통제, 미래지향적 행정개혁 등으로 구성되었다.

또한 이 '행정학 입문' 편은 행정학 시리즈의 첫 편으로 기록되고 나머지

정책, 조직, 인사 등 각론으로 구성되어 있다. 아무쪼록 학생들이 대학에서 공부할 때 행정학을 이해하고 정리하는 데 도움이 되기를 바란다.

끝으로 이러한 교재를 출간하게 해 준 한국학술정보(주) 측에 감사드리며, 특히 기획팀 임은정 선생님의 결심에 사의를 표하고 또한 편집 등 많은 분들이 뒤에서 묵묵히 이 교재 출간에 수고해 주심에 깊은 마음으로 감사드리며, 앞으로도 좋은 교재를 출간하도록 노력할 것을 약속합니다. 학생들의 건승을 기원합니다.

2009년 4월
서상원

목 차

Chapter 02　행정의 역할과 현상　　87

Chapter 03   행정학의 접근방법   109

Chapter 04   현대행정과 행정책임 및 통제   167

Chapter 05   미래지향적 행정과 개혁   180

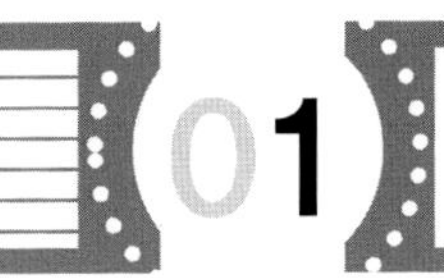

행정의 의의

01 행정의 개념

1. 행정의 다의성

행정은 사회현상으로서 다양성과 다의적 개념을 띠고 있어 명확한 개념 정리는 어렵다는 것이 일반적인 행정학자들의 인식이다. 그러나 "조직의 목표를 달성하기 위해 두 사람 이상이 모여 협동하는 행위"로 정리할 수 있으며, 정치·사회 등 환경과의 밀접한 관계하에 변동하고 기능하는 일련의 유기체적 활동으로 정의해 볼 수 있다. 이러한 행정개념에 대한 접근방법은 ① 규범적 측면을 강조하는 행정법학적 접근방법과 ② 사실적·경험적 측면을 중시하는 행정학적 접근방법으로 구분할 수 있다. 또한 행정의 본질을 다루는 국가론적 입장에서는 국가와 정부 그리고 행정은 하나의 같은 의미로 사용된다.

2. 행정법학적 행정개념(법학자들의 견해)

행정학의 기원은 16세기 중엽부터 18세기 말까지 독일과 오스트리아에서 발달한 학문으로 관방학에서 찾을 수 있고, 관방학은 19세기에 들어와서 독일과 오스트리아 등지에 입헌주의가 대두되면서 행정의 독자적 학문을 구축하려고 시도했던 슈타인 행정학과 공법학의 발달을 가져왔다.

(1) 삼권분립공제설: 근대국가에서 입법, 사법 작용을 제외한 나머지의 모든 국가작용을 행정의 영역이라고 보는 입장이며, 소극설 또는 증류설이라고도 한다.

(2) 국가목적실현설: 행정이란 법의 테두리 안에서 법의 규제하에 국가목적을 직접 또는 적극적으로 실현하는 국가 활동이라고 보는 인식으로 적극설이다.

(3) 법함수설: 행정은 법 규정에 따라 집행을 담당하는 기능적 역할을 하는 것으로 보는 학설로써 비엔나 학파의 법단계설을 전제로 하고 있다. 즉 법은 독립변수이고 행정은 종속변수로서 법과 행정은 함수적 관계로 인식하고 있다.

(4) 기관양태설: 국가기관의 양태를 기준으로 하여 행정은 담당기관이 행하는 국가작용으로 보는 것이다. 즉 행정이란 입법과 사법의 영역 이외의 활동으로서 공익실현을 목적으로 한다.

3. 행정학의 기원: 관방학과 슈타인 행정학

(1) 관방학(官房學)

① 의의: 현재 우리가 연구하고 학습하는 행정학은 미국의 행정학을 말하는데, 학자들은 행정학이 관방학에서 시작되었다고 본다. 관방학은 16세기 중엽부터 18세기 말까지 독일과 오스트리아를 중심으로 발달하였는데, 군주의 정당성과 국가통치를 위한 절대주의적 지배과정과 함께 발전해 왔다. 따라서 이때의 행정은 정치의 시녀로서 소극적 입장을 취하게 되었다.

② 성립배경

㉠ 사상적 측면: 관방학의 기본사상은 복지국가관으로 사상적 배경은 계몽주의의 영향을 받았다.

㉡ 정치적 측면: 사회질서를 우선으로 한 절대주의적 지배개념이 전제되었다.

㉢ 사회적 측면: 영국·프랑스 등을 중심으로 한 유럽 국가들의 보호무역과 중상주의 정책에 대응하는 이론적 틀이라 할 수 있다.

③ 내용

㉠ 전 기: 절대군주의 지배권력을 왕권신수설에 두고 있으며, 국가의 재정과 경제활동에 대한 학문적 체계도 미분화되는 특징을 가졌다(대표적 학자는 M. V. Osse).

㉡ 후 기: 공공복지의 개념을 계몽사상과 자연법사상에 두고 학문적으로는 후기에 와서 재정학과 경제정책 등으로 분리하였다(대표적 학자는 Justi).

④ 평가 및 한계

㉠ 절대군주국가의 성립과 강화에 공헌하였지만 행정의 본질적 측면을 추구하는 하나의 독립된 학문으로서 발전하지 못했다.

㉡ 절대군주를 위한 정치적 시녀로서의 역할을 충실히 수행하도록 하는 정치적 측면은 달성시켰지만 행정의 대상이 누구며, 추구내용의 모호성과 방식 등과 같은 본래의 특성은 찾아볼 수 없었다. 그러므로 정치와 행정이 구분되지 못했고, 행정학의 정체성 위기극복과 독자적인 학문으로서의 발전을 저해했다.

(2) 슈타인(Stein) 행정학

① 개념 및 의의: 근대 행정학의 기초를 마련한 독일의 행정학자인 슈타인은 독자적인 행정의 영역이 불분명한 후기 관방학자인 유스티(Justi)의 이론을 비판하면서 경찰개념을 헌정과 행정으로 분리하여 독자적인 행정학 체계를 구축하고자 슈타인 행정학을 성립시켰다.

② 경찰의 개념적 분리

　　㉠ 헌정(憲政): 개인이 국가의사의 결정에 참여하는 국가적 권리

　　㉡ 행정(行政): 국민 개개인의 향상을 촉진할 임무를 수행하기 위한 국가의 행위 또는 활동수단으로서 내무·외무·재무·법무·군무 행정이 있다.

③ 학자의 견해

　　㉠ 공법학자들의 입장: 법치국가·법치행정원리를 사상적 기반으로 하여 행정과의 관계에서 헌정이 절대적 우위를 차지하고 있다고 보았다. 즉 행정은 법이 정하는 바에 따라(법률에 의한 행정의 원리 적용) 집행하는 종속적 관계로 규정지었다. 따라서 국가의사는 시민의 참여에 의해 형성된 것으로 행정은 이를 구체적으로 실현시키는 역할을 맡고 있다고 본 것이다(법함수설 개념과 유사).

　　㉡ 슈타인의 입장: 헌정과 행정의 관계에 있어서 공법자들과 같이 우위를 구분하지 않고 양자 모두 우위의 위치로 인정하는 이중관계를 설정하였고, 기능상의 독립적인 관계 및 상호유기적인 관계라고 주장하였다.

④ 평가

　　㉠ 행정의 독자적인 학문적 영역을 구축하려는 시도는 바람직했지만 성과를 거두지 못했다.

　　㉡ 이러한 시도도 결과적으로 법치국가적 자유주의 시대의 요청에 부합되지 못함으로써 행정법학(권력분립을 전제로 하여 행정의 개념을 행정부에 속한 모든 국가기관이 행하는 작용을 연구대상으로 하는 학문)에 흡수되고 말았다.

　　㉢ 그러나 현대 행정학의 기초를 성립시킨 계기로서 행정학으로서의 학문적 기여는 높이 평가된다.

4. 행정학의 시대적 발달과정

행정학은 시대적, 정치적 환경변화 등에 의해 영향을 받으며 발달 및 변화해 왔다. 그만큼 행정은 환경에 대한 변동과정이라 할 수 있으며, 오늘날의 행정학은 미국을 중심으로 발전해 왔다.

(1) 행정관리설(1887~1930년대)

행정관리설은 행정학의 아버지라 할 수 있는 W. Wilson이 「The study of Public Administration('행정의 연구', 1887)」을 발표하면서 행정학의 이론적 체계를 갖추기 시작했다. 행정의 기능은 공공사무의 관리 측면을 중시하는 이론으로서 정치가 지향하는 가치(Value)의 문제보다는 사실(Fact)을 지향하고 능률성을 강조한 이론이다. 따라서 정치와의 관계에서 정치행정이원론적인 입장이며, 사행정의 능률성을 강조하기 때문에 공사행정일원론이다. 행정학이 수립되던 초기의 대표적인 이론이며, 행정(국가, 정부)의 역할은 매우 소극적인 경찰국가 또는 야경국가의 기능만을 담당하는 입장이다. 대표적인 학자로는 L. D. White, L. H. Gulick, L. F. Urwick 등을 들 수 있다.

▶▶▶ 알고가기

> 이 학설과 같은 맥락에서 테일러(Taylor)의 과학적 관리법, 베버(Weber)의 관료제, 직위분류제로서 모두 능률성을 강조한 내용들이다. 미국의 엽관주의를 비판으로 행정의 업무 중심적 관리를 강조하며 대두되었고, 기술적 행정학, 과학성(Science), 사실지향(가치배제)으로 표현되며, 인간관은 과학적 관리론의 X론적 시각이다.

(2) 통치기능설(1930년대)

이 학설에서는 행정이란 정치 영역에서 결정된 정책을 행정 영역이 집행한다는 행정관리설의 입장에서 정책결정 및 입법기능의 정치부문을 모두 행정이 담당하는 적극적인 입장을 취하고 있다. 그러므로 정치와 행정은 일련의 과정이며, 상호불가분의 관계에 있다고 본다. 즉 행정이 위임입법(준입법권과 준사법권)으로 양자의 권한을 행사하면서 집행기능보다는 결정기능을 강조하는 정치행정일원론(공사행정이원론)의 입장이며 학자로는 M. E. Dimock(행정과 정책), P. H. Appleby(행정의 개척분야) 등이 있다.

정치행정일원론

통치기능설은 1929년 세계경제대공황이 발생함으로써 시장실패를 경험하면서 나온 이론이다. 민간부문에서는 자유무역주의에 입각하여 Adam Smith가 주장한 '보이지 않는 손(invisible hand)'에 의해 시장원리가 잘 작동되어 국가가 시장부문에 개입하지 않아도 될 것으로 예상하였지만 시장 메커니즘의 작동실패로 결국은 시장실패가 나타났다. 이에 정부(행정)는 시장실패를 보정하기 위하여 시장개입과 행정기능의 권한 강화를 통해 행정국가화의 입장을 갖게 된 것으로서 통치기능설에 국가라는 말을 추가하여 국가가 통치기능을 수행한다고 생각하면 이해에 도움이 된다.

(3) 행정행태론(1940년대)

행정학에 행태론적 연구방법을 적용하여 행정조직구성원(인간)의 행태를 객관적·실증적·체계적으로 연구하여 행정학의 이론체계 확립과 과학화를 추구하려 하였다. H. A. Simon은 의사결정과정에서 개인의 객관적인 행태(규칙적으로 나타나는 행태, 태도, 개성, 의견제시 등)를 통해 행정현상을 설명하려 했던 것이다. 즉 행정은 행정목표를 달성하기 위해 의사결정과정에서 개인과 집단의 합리적이고 협동적인 측면을 강조한 것이다. 이 이론은 정치에서 강조하는 가치판단적인 것을 배제(가치중립성)하고 사실명제만을 연구대상으로 삼아야 한다고 주장한다. 그러므로 논리적 실증주의, 객관성·과학성·경험주의를 바탕으로 하고 있다. 또한 조직은 실체하지 않는 것이므로 조직의 주체로서 조직구성원의 행태를 연구하는 미시적(방법론적 개체주의), 심리학적 접근방법이라 할 수 있다. 사실을 중시하고 가치를 배제하므로 새 정치행정이원론(새 공사행정일원론)으로서 대표적인 학자로는 H. A. Simon, D. Waldo, C. I. Barnard 등이다.

(4) 비교행정론(1950년대)

2차 세계대전이 종식된 후 승전국인 미국이 신생독립국에 대한 대외원조 정책의 효율성의 미흡문제로 제기된 이론이다. 미국의 행정제도, 문화 등이 다른 제3세계(신생독립국)의 행정문화와의 차이로 미국의 정책이 효율적으로 적용되지 않자 어느 나라에서나 보편적으로 적용되는 행정이론을 모색하고자 미국의 비교행정학회(F. Riggs)를 중심으로 나온 행정이론이다. 또한 1940년대 정치와 행정을 하나의 과정으로 취급하는 일원성을 강조한 기능적 행정학이 등장하였으나, 1950년대에 들어서서는 행정은 정치와 밀접한 관계에 있는 것이 아니라 경제·사회·문화·사상체계 등과 같은 환경적 조건과 밀접한 관계에 있다고 주장하고 환경과의 관계를 고려한 생태론의 영향으로 비교행정론이 발전하였다(행정학 발달과정의 주류에 속하지는 않음).

(5) 발전행정론(1960년대)

국가발전목표의 설정, 정책의 계획, 수립, 집행을 모두 국가(행정)가 주도하는 것으로 행정우위의 국가인 개도국이나 발전도상국의 행정을 설명하는 데 적실성이 높은 이론이다. 2차 대전의 종식과 더불어 성립된 신생독립국(제3세계), 발전도상국의 국가체제는 강력한 통치조직과 관료조직만을 지배국가로부터 물려받았고, 민간자본이나 사회의 인프라 구성은 미흡하기 때문에 행정이 국가발전의 주체가 되었으며, 제3세계를 설명하는 행정이론이다.

(6) 신행정학(1960년대 말 - 1970년대)

미국의 경기침체, 흑인폭동 등 사회의 여러 위기문제에 대해 행정(학)에 대한 반성의 목소리가 높아지면서 태동한 행정이론이다. 즉 행정행태론 등에서 과학화를 추구하여 왔지만 사회적 형평성의 문제, 고객 중심적 행정, 사회 여러 문제를 해결할 수 있는 행정학의 필요성이 제기되었다. 따라서 사실 지향적이고 가치 중심적인 행태론을 비판하면서 과학성의 강조는 현실문제에 대한 처방성·규범성·응용성, 현실적합성의 학문을 강조하였다. 따라서 후기행태주의, 후기실증주의라고 불리며, 그들이 주장하는 목표달성을 위해 조직의 탈관료제를 주장한다(조직의 동태화 및 관료제 종말론 대두).

(7) 신공공관리론(1980년대) - Peters

시장실패로 인한 거대 행정국가의 탄생은 또 다른 정부실패를 경험하면서 새로운 정부의 모색이 절실한 가운데 신자유주의의 영향을 받아 각국의 행정은 새로운 형태의 조직유형과 활동의 필요성이 증대되었다. 즉 정부의 시장개입은 정부실패로 이어지면서 70년대 2차 오일쇼크가 전 세계를 강타하면서 정부의 긴축재정이 요청되었다. 정부조직규모와 기능 및 권한의 축소, 규제완화, 공공부문에의 경쟁과 시장원리도입, 공공부문의 독점성과 비경쟁성 배제, 공기업의 민영화, 작지만 효율적인 정부 등을 추구하면서 환경대응능력을 중시하는 신공공관리론이 태동되었고, 이 영향은 정부조직개혁으로 연결되었다(신보수주의는 영국의 개혁사상).

(8) 신국정관리설(1990년대) - Rhodes

신공공관리론과 맥을 같이하면서 Rhodes는 국가와 시민, 다양한 집단 간의 신뢰와 협조를 중심으로 공동체(Network), 연계망에 의한 행정을 주장하는 경향으로 뉴거버넌스(New Governance)를 설명하고 있다. 이런 사회는 사회적 자본인 신뢰를 전제로 한다. 전통적 정부의 개념은 사라지고 거버넌스 시대의 정부는 새로운 역할을 추구하는데, 로즈는 정부도 민도 주체가 아닌, 협력의 사회로서 중심 없는 사회, 국가 공동화된 사회로 요약하고 있다.

1. 행정학에서의 과학성과 기술성
   (1) 과학성(Science): 객관적이고 구체적인 사실을 대상으로 인과성을 정립하려는 실증적 접근 방법이다. 이에 연결되는 개념은 능률성, 관리성, 경험적, 가치배제(사실 지향적), 객관성, 과학성($1 + 1 = 2$), 목적달성을 위한 수단 강조, 기술적 행정학, 정치행정이원론(공사행정일원론)이다.
   (2) 기술성(Art): 가치 지향적(사회적 형평성 등) 실용성, 처방적 개념으로는 기능적 행정학, 주관성($1 + 1 = 2, 3, \cdots\cdots$), 정치추구 영역, 현상학과 해석학적 판단, 목적과 민주성 지향, 정치행정일원론(공사행정이원론)이다.

2. 행정학의 정체성 문제 논의
   (1) 패러다임(Paradigm)의 개념: 독자적인 개념과 준거의 틀을 가지는 것을 말하는데, 패러다임이란 두 요소(초점: focus, 장: locus)를 갖추고 하나의 이론으로서 학자들로부터 인정받고 정립되었음을 말한다. T. Kuhn은 기존의 패러다임이 새로운 패러다임에 의해 대치되는 현상을 '과학혁명'이라 설명하였다.
   (2) 행정학의 정체성 위기: 행정학이 독자적인 학문으로서의 패러다임을 갖지 못한 현상을 말하는 것이다. 행정학은 정치, 경영, 철학, 사회학 등 여러 주변학문의 영향을 받고 경계도 뚜렷하지 못하기 때문에 행정학에 대한 독자적인 학문영역에 대한 논란이 많이 제기되는 것을 정체성의 위기(Identity Crisis)라 한다.

🗂 정부(Government) 패러다임에서 거버넌스(Governance)로의 변화

구 분	전통적 정부 패러다임	거버넌스 패러다임
권력위치 및 영향력	중앙정부	지방정부 또는 사회세력
권력관	엘리트주의적 권력관	다원주의적 권력관
사회의 개념	공급자중심 사회, 정부 독점적 사회	중심이 없는 사회, 국가공동화 된 사회
국가에 대한 인식	단일공동체(국가의 절대성)	다양한 이질적 연합체
유사 이론	조합주의	주인과 대리인 이론
주체와 객체의 구분	구분(주체 – 국가, 객체 – 국민)	미구분(다수의 참여와 협상)
국가사회 간 권력관계	계층성과 하향적	국가권력의 상대성, 가변성
지방정부 및 사회와의 권력분포 형태	집권화, 획일적	분권화, 정책 영역별로 상이

5. 행정의 개념

(1) 광의

행정이란 조직의 목표를 달성하기 위해 두 사람 이상이 모여 합리적 의

사결정을 하는 집단적인 협동행위로 정의할 수 있다. 다시 말하면 조직의 목표를 달성하기 위해 수단의 합목적성과 합리성을 통하여 최대의 가치를 실현시키는 협동적 집단행동이다. 그러므로 행정은 넓게 공행정뿐만 아니라 사행정도 포함시켜야 한다.

(2) 협의

좁은 의미의 개념은 특정한 공공정책을 통하여 사회적 형평성 등 행정의 목적과 가치를 달성하는 공공부문의 활동으로 보아야 한다. 이때 행정은 공권력을 바탕으로 행정의 최대 목표인 공익을 추구하게 된다.

6. 공행정의 특성

(1) 공익성과 공공성: 행정은 사회적 형평의 달성과 같은 공익을 추구하기 위한 활동으로서 공공성의 특성을 지니고 있다.
(2) 정치성과 권력성: 행정은 정치영역과 불가분의 관계로서 정치적 이해관계를 수반하며, 공권력을 바탕으로 사회를 유지하고 통제하는 규제 기능을 수행한다.
(3) 변동대응성: 행정환경은 다양하고 변화가 심하기 때문에 행정은 이에 대한 변동대응력을 가지고 있어야 한다. 즉 행정수요란 국민의 요구를 말하며, 변동대응성이란 다양한 행정수요에 대응할 수 있는 행정의 대응능력을 말한다.
(4) 안정성·계속성: 행정은 조직뿐만 아니라 정책의 안정성과 계속성이 유지되어야 한다.
(5) 합리성과 능률성: 행정은 정책결정과 정책집행에 있어서 합리성과 능률성을 도모해야 한다. 즉 행정은 국민의 세금에 대한 책임을 바탕으로 대리인으로서의 역할을 수행하는 데 있어서 최소의 비용과 노력으

로 최대의 목표달성을 추구해야 한다.

(6) 협동성·집단성: 행정은 목적을 달성하는 일련의 과정으로 조직을 통한 협동성과 집단적 특성을 지니고 있는 것이다.

(7) 기타 특성: 국민에 대한 공개성과 봉사성, 평등성, 적극성, 조직목표의 다원성과 목표달성의 기술성, 양면성(오늘날의 현대행정에서는 가치와 사실을 모두 추구) 등이 있다.

02 행정과 정치

1. 행정과 정치의 구분

행정과 정치의 구분에 관한 이론은 시대적 배경과 요청에 따라 분리 또는 모호한 상태로 발전해 왔다. 즉 정치·사회적 환경에 따라 행정학이 영향을 받으면서 행정과 정치는 분리 또는 하나가 되기도 하였다. 행정이 추구하는 사실의 영역을 강조하느냐, 정치의 영역인 가치를 중시하느냐에 따라 구분하는 여러 이론들이 나왔다. 이러한 구분은 시대적 환경과 요청에 따라 달리 취급해 왔다. 처음 행정학의 태동 시기에는 행정과 정치가 엄격히 구분되었지만, 현대 행정국가에서는 가치와 사실을 구분하는 것의 의미가 상실되면서 행정활동의 영역과 추구목표가 정치(정책결정 분야 – 가치추구 – 주관성)와 행정(정책집행 분야 – 사실추구 – 객관성)을 구분할 수 없게 되었다.

2. 정치와 행정관계의 시대적 접근

(1) 정치의 우위: 절대군주국가시대와 입법국가시대

절대군주국가시대는 왕권신수설이 지배하던 정치체제로서 행정과 정치의 관계는 정치와 행정이 분화되지 못한 상태하에서 행정은 정치의 시녀(특히 독일의 관방학)에 불과하였다. 입법국가시대 또한 행정은 정당정치의 발전과 함께 발전한 엽관주의적 관료집단으로 정치적 영향하에 놓였다.

(2) 행정과 정치의 구분: 기술적 행정학(19C 말~1930년대 이전)

이 시기에는 엽관주의적 관료집단의 특성으로 본래 행정의 역할은 중요시하지 않고 정치적 측면이 강조된 행정기능이 여전히 지배적이었다. 이러한 엽관주의적 관료집단의 행정활동에 제동을 건 W. Wilson은 행정관리설을 주장하면서 행정의 독자성 추구와 아울러 능률성과 행정의 관리기술적인 요소의 성격을 강조하게 되었다. 이러한 성격의 행정학을 기술적 행정학이라 하며, 가치 지향적, 추상적인 기술성(Art)이 아니라 사실 지향적, 과학성(Science) 추구, 정치행정이원론, 공사행정일원론이라 한다.

(3) 기능적 행정학(1930년대 이후)

1929년 세계경제대공황의 발생과 더불어 정치행정이원론(행정영역, 집행분야, 사실지향성, 가치배제, 과학성, 기술적 행정학, 공사행정일원론)의 능률성 강조와 관리 측면을 중요시하는 기술적 행정학과 대별되는 기능적 행정학으로 이어졌다. 기능적 행정학(정치영역, 결정분야, 가치지향성, 기술성, 정치행정일원론)이 주창되면서 시장실패보정을 위한 행정의 시장개입과 행정국가화로 행정의 역할이 강조되면서 정치와 행정은 불가분의 관계로서 일련의 정치행정의 과정으로 파악된다. 이에 대한 행정이론은 통치기능설로서 행정이 정치의 영역까지 담당해야 한다는 것이다.

(4) 행정행태설(1940년대 이후)

Simon은 인간의 객관적인 행태(행위)를 논리적·경험적으로 실증이 가능하다고 보고 의사결정과정에서 이들의 행태를 객관적으로 인식하고 행정의 과학화를 추구하였다. 가치와 사실을 구분하는 정치와 행정의 이원론적 입장이다.

(5) 발전행정론(1960년대 이후)

국가의 발전목표설정(정책결정)과 집행의 영역, 즉 국가 발전적 기능을 행정이 수행하겠다는 것이다.

이 이론은 신생독립국과 발전도상국의 발전 주체가 국가(정부, 행정)이다. 그 이유는 발전도상국은 국가발전에 필요한 여러 가지 제반여건이 미성숙하기 때문에 국가가 선도적이어야 한다는 것이다.

우리나라의 경우도 박정희 정권의 경제개발과정에서 정부가 기업에 대한 차관도입과 여러 가지 혜택을 주며 성장해 온 경험이 있다. 이러한 개도국의 여건에서는 행정이 정치가 결정한 사항에 대해 집행만을 담당할 수는 없다. 국가가 적극적으로 나서서 사회적 형평성, 공익을 달성하는 가치측면과 강력한 집행과 관리를 동시에 수행해야만 한다. 따라서 정치와 행정은 하나로 보아야 하며, 행정우위(입법부, 사법부와의 상대적 우위)의 특징을 지닌 새 정치행정일원론이다.

(6) 신행정론(1970년대 이후)

신행정론은 지나친 과학성만을 주장한 행정행태론을 비판하면서 행정의 규범성과 처방적 역할을 강조한다.

성립된 배경은 미국의 인종차별과 흑인폭동 등으로 인한 사회적 불안이 야기되면서 행정의 역할을 재정립하여야 한다는 주장이 행정학자들에게서 제기된 것이다. 신행정론자들의 주장은 사회적 형평성, 고객(국민)중심적 행정, 사회의 위기문제 등을 해결할 수 있어야 한다는 것이다.

따라서 이들은 행정영역에 규범성과 가치적인 측면을 강조하였기 때문에 정치·행정의 관계는 일원론적으로 본다.

(7) 신공공관리론(NPM)과 뉴거버넌스(NG)

① 신자유주의자들은 작은 정부, 큰 시장, 효율적인 정부, 기업가적 정부의 역할 등을 주장하였다. 시장실패의 보정역할로서 시장에 개입한 적극적 국가로서의 정부는 또 다른 정부실패를 발생시켰고, 신공공관리론은 신자유주의의 노선을 받아들이면서 행정의 정치적인 측면보다는 효율적·능률적인 관리 측면과 투입 지향적 행정방식에서 성과산출 중심의 개혁지향적인 방향을 추구하였다. 따라서 정치와 행정을 분리시키는 정치행정이원론적인 입장이다.

② 뉴거버넌스(거버넌스)는 기존의 정부 패러다임을 배척한 공동체주의, 서비스의 공동생산, 조직 간 신뢰를 바탕으로 한 공동체(네트워크) 사회를 강조한 이론으로서 정치행정일원론에 속한다(거버넌스 개념과 동일시하기도 함). 신뢰는 사회적 자본의 하나로서 정부와 기업, 시민(단체)과의 신뢰를 바탕으로 이루어지는 네트워크적 거버넌스 사회를 유지시키는 에너지이다. 서비스의 공동생산은 정부가 생산해야 할 서비스를 시민이 직접 생산하는 사회를 말하기 때문에 시민이 주인이 되는 시민 재창조론적 의미가 담겨있다. 서비스 공동생산의 예로 휴지 줍기, 내 집 앞 눈 쓸기, 자연보호, 지역주민의 자율소방(방범)대 운영 등이 해당되며 정부는 이를 지원해 주는 것이다.

학자별 거버넌스 개념 (한승준)

학자	내 용
Kooiman (1994)	정부와 사회의 관계가 일방적 관계에서 상호작용관계로 변하여 역동성, 복합성, 다양성 강조
Rhodes (1997)	최소국가, 기업적 거버넌스, 시장유인체제의 도입, good 거버넌스, 사회적 사이버네틱 체제, 공공부문과 민간부문을 연결하는 네트워크 강조
Stoker (1998)	상호의존성, 자원의 교환, 게임규칙과 국가로부터 자율을 특징으로 하는 조직화된 네트워크
Pierre (2000)	행위자들 간의 네트워크뿐만 아니라 그들 간에 정책을 조정하여 공공문제를 해결하는 통치시스템
Jessop (2000)	상호의존적인 행위자들 간의 적극적, 소극적 협력을 기반으로 장기적 합의를 위한 협상의 제도화
Peters (2001)	제도화된 정책 공동체 내의 이해관계자들 - 국가기관, 지방자치단체, 시민단체, 일반시민, 직능단체 등 - 을 정책과정에 참여시켜서 문제를 해결하고 책임을 지게 하는 공적 의사결정의 한 형태

전통적 정부(관료제)와 거버넌스의 비교

구 분	전통적 정부	기업가적 정부(거버넌스)
정부역할	노젓기(Rowing)	방향 잡기(Steering)
정부활동	정부 중심적 방식(직접 해 줌)	유도방식(할 수 있도록 도와줌(empowering)
서비스 공급 방식	독점 공급(공급자 편의)	서비스 제고와 경쟁 강조
관리 방식	규칙과 절차 중시 관리	임무중심 관리
예산제도	투입중심 예산	성과 연계 예산
행정운영	계층제, 집권적, 명령과 통제	참여와 팀워크, 자율성 부여
행정가치	관료중심 - 지출지향 - 사후치료	고객지향 - 수익창출 - 예측과 예방
운영기제	행정 메카니즘	시장 메카니즘

3. 정치와 행정과의 관계

(1) 정치행정이원론(공사행정일원론)

① 행정관리설: W. Wilson이 행정의 관리적 측면을 강조함으로써 엽관주의의 폐해 극복과 행정학에 대한 독자성의 확보를 추구하였다. 미국

은 민주주의의 발전과 함께 관료임용제는 엽관주의가 지배적이었다. 엽관주의란 정치적 관계로 공직에 임용되는 것인데, 이러한 임용은 공무원으로서의 직업윤리보다는 정치적 영향에 지배받고 당파성이 강하게 나타나게 되었다. 따라서 관료의 합리적인 인사관리상의 사기는 저하되고 부정·부패가 발생하고, 행정의 능률성·안정성·계속성·전문성·기술성 등의 확보가 문제시되었다. 이러한 엽관주의적 한계를 극복하고자 행정의 관리성과 전문성을 강조하는 행정관리설이 대두되었는데, 정치적인 면과 행정의 관리적인 면을 분리하는 정치행정 이원론이다. 이 시대에 능률성을 강조한 이론으로서 F. Talyor의 과학적 관리론, M. Weber의 관료제, 직위 분류제, L. F. Urwik, L. Gulick의 주장이 있다.

> **Gulick의 최고 관리층의 7가지 기능**
>
> Gulick은 능률성을 추구하기 위해 최고 관리층 기능을 POSDCoRB라고 정의했으며, 기획·조직·인사·지휘·조정·보고·예산을 말한다. Urwick과 함께 행정관리학파에 속한다.

② 행정행태설: Simon이 주장한 이론으로서 행정의 과학화를 추구한 이론이다. 인간행태의 객관적인 면을 통해 행정의 현상을 설명하려는 접근방식으로서 의사결정과정에서 객관적으로 겉으로 나타난 참여자의 행태(행위)는 계량화와 실증 가능한 영역으로 객관화가 가능하다고 보고 있다. 따라서 객관적인 것은 가치가 아닌 사실의 영역으로 가치성의 중립, 가치의 배제 등을 주장하면서 사실을 가치로부터 배제하려고 하였다.

③ 신공공관리론(NPM, New Public Management)
   ⑦ 신자유주의에 영향을 받아 정부실패의 문제점 보완으로 공공부문의 기업가적 특성을 강조한 이론이다. 시장실패로 정부의 시장개입은 공공부문의 독점성, 즉 비경쟁성, 비시장성으로 또 다른 정

부실패를 발생시켰고, 환경은 새로운 정부역할 패러다임의 모색을 요구하게 되었다. 시장실패 이후 정부의 권한과 기능, 규모의 확대는 국민을 위한 진정한 조직으로서 뿐만 아니라 환경변화에도 대응할 수 없는 구조와 기능으로 고착되었다. 따라서 작지만 효율적인 정부로서의 역할, 규제 완화, 공기업의 민영화, 정부권한과 기능의 축소, 노젓기(Rowing)에서 방향 잡기(steering, 촉매자)로의 전환, 공공부문에서의 독점성이 아닌 경쟁과 시장의 원리를 도입하고 창조적이고 도전적인 기업가적 정부의 역할을 강조하게 되었다. 외부통제보다는 내부통제지향과 자율과 책임성을 강조한다. 공무원의 성과급제도(연말 부서별 경쟁평가 결과에 따른 차별적 보너스 지급제도)는 이러한 맥락에서 나온 것이다.

ⓛ 현재 정부의 각종 인사제도 등의 도입과 시도는 신공공관리론에 입각한 성과중심에 초점을 맞추고 있다. 그 예는 고위공무원단의 도입, 공무원직무성과계약제, 민간근무휴직제, 개방형 임용제, 성과관리카드제, MBO의 적용과 BSC평가제 도입(2006년부터), 예산의 성과관리제도, 디지털예산회계시스템의 구축 및 운용 등으로 요약해 볼 수 있다.

(2) 정치행정일원론(공사행정이원론)

① 통치기능설: Adam Smith의 '보이지 않는 손(Invisible hand)'의 주장에 따라 시장은 자율적으로 메커니즘(기능)에 의해 운영될 것으로 생각하였지만, 1929년 세계경제대공황이 발생된 후 정부의 입장이 달라졌다. 시장에의 정부의 적극적인 개입이 정당화되면서 정부의 규제와 간섭의 증대를 강조한 이론이다. 즉 국가통치의 기능까지 국가(정부 = 행정부)가 담당하게 되면서 정치와 행정은 구분되지 않으며 관리의 측면만의 강조보다는 결정과 집행의 영역 모두를 행정이 담당하는 입장이다.

② 발전기능설(발전행정론): 2차 대전 이후 신생독립국과 개도국에서 모든

국가발전의 영역을 국가가 담당하면서 행정의 기능과 권한의 확대, 행정부 우위의 국가의 특색을 보인다.

③ 신행정론(신행정학)

　　㉠ 행정행태론을 비판하면서 제기된 학파인데, 미국의 여러 사회 위기에 대한 행정학의 역할, 정부의 기능과 위치에 대한 회의를 품게 된 것이다. 과학성, 객관성을 주장하는 행태론에 대해 행태론의 과학성을 배제하는 것은 아니며, 과학성은 현실 문제를 해결하는 데 적용되어졌을 때 그 의미가 있다고 주장하며 고객 지향적인 행정서비스 기능을 강조하고 있다. 즉 처방성, 응용성, 실용적인 학문이 아니면 학문으로서의 적실성에 문제가 있다고 주장하였다. 이들은 사회적 형평성과 같은 가치 지향적인 측면을 강조하였다.

　　㉡ 주장내용: 사회적 형평성, 행정의 사회문제 해결, 고객 지향적 행정, 공공정책과 정책분석의 중시, 탈관료제(조직의 동태화 강조)와 같은 새로운 조직형태의 모색 등

03 행정과 경영

1. 의의

(1) 광의의 행정은 조직과 조직구성원이 존재하는 곳에는 행정이 존재한다고 보아야 한다. 즉 조직의 목표를 달성하는 두 사람 이상의 협동과정에서 제반원리 및 과정 등의 활동을 행정으로 보아야 하기 때문이다.

(2) 다만, 조직이 추구하는 목표에 따라서 행정(공행정)과 경영(사행정)으로 구분할 수 있으며, 가장 큰 차이점은 공행정은 공익을 추구하는

공공조직의 행정, 사행정은 이윤을 추구하는 기업 등의 조직에 더 근접하다고 할 수 있다.

(3) 행정은 조직의 목표달성을 위한 인간의 인적·물적 자원의 효율적인 제반관리활동을 의미하는 것이다.

(4) 공행정이든 사행정이든 조직의 목표달성을 위한 고도의 합리적인 조직의 행위로 보아야 하며, 유사점과 차이점이 있다.

2. 행정(공행정)과 경영(사행정)의 유사점과 차이점

(1) 유사점

① 조직목표달성을 위한 수단성: 행정과 경영이 추구하는 목표는 서로 상이하지만 행정과 경영은 그 자체가 목표는 아니며, 조직의 목표달성을 위해 기능하는 수단이 된다.

② 관료제적 성격: 행정이든 경영이든 막스 베버의 관료제적 특성을 갖고 있다. 즉 조직의 계층제(계급제＝계서제)적 구조, 일의 분업화·전문화, 문서에 의한 업무나 행정처리, 규칙에 의한 지배 등을 말한다.

③ 집단적 협동행위: 행정과 경영은 광의의 개념으로서 행정의 개념인 조직구성원의 조직목표달성을 위한 협동적인 집단행위로 본다.

④ 합리적 의사결정: 양자 모두 조직의 목표를 효율적으로 달성하기 위하여 합리적 의사결정을 통해 최선의 대안을 선택하려고 하는 점에서 유사하다.

⑤ 관리기술적인 면: 행정과 경영 모두 주어진 인적·물적 자원을 어떻게 효율적으로 관리하고 활용하는가를 중요시한다. 대상으로는 계획수립, 조직, 인사, 재무, 의사전달체계, 리더십의 적용, 통제 등의 측면을 말한다.

⑥ 봉사적인 측면: 행정(관료, 공무원)의 환경(대상)에 속하는 국민에게 봉

사하며, 경영(기업)은 이윤추구가 최고 가치이지만 소비자에게 봉사의 의미도 포함한다. 즉 봉사의 목적과 의미에 있어서는 차이가 있지만 봉사적 성격을 가진 조직 활동이라는 점에서는 유사하다.

⑦ 개방체제: 행정과 경영 모두 외부환경과의 상호작용은 조직의 생존력과 목표달성에 중요한 개념으로서 개방체제로서 활동한다. 환경과의 상호작용이 없는 폐쇄체제는 사회체제에서 존재하지 않으며, 조직의 존재의미 자체가 없는 것이다.

(2) 행정과 경영의 차이점

① 활동주체: 행정의 주체는 국가이자 정부(행정부)로서 공공부문을 담당하며, 경영의 주체는 대표적으로 기업(광의로 민간단체 포함)을 말한다.

② 조직의 목적: 조직이 추구하는 목적은 서로 다른데, 행정은 국민을 대상으로 공익을 추구하며, 경영은 고객을 대상으로 기업의 이윤추구나 민간부문의 특정한 사익을 추구한다.

③ 목표의 수와 특성: 행정이 추구하는 목표는 전체적으로는 공익을 전제로 사회적 형평성, 복지, 교육, 환경, 국방 등 다양한 국민에 대한 요구를 충족시켜야 하는 목표가 매우 많다. 이러한 목표는 구체적인 것보다는 무형적인 상대적 가치배분을 달성하는 특성을 지니고 있다. 반면 경영의 목표는 기업의 이윤추구라는 단일한 목표를 가지고 있으며, 이러한 목표는 매우 유형적이라고 할 수 있다.

④ 정치성: 행정은 국민·각종 민간단체(이익 및 압력단체, NGO)·정당·의회의 통제와 영향을 받는다는 점에서 정치성을 내포하고 있다고 보는 반면, 경영은 행정보다 이러한 정치적 영향을 받지 않는다.

⑤ 조직운영: 행정이 경영보다는 조직문화나 조직의 특성상 경직되고 획일적 조직임에는 틀림이 없다. 즉 책임과 권한이 명확하며 합법적 권위에 의해 명령과 복종이 확립되어 있는 조직의 특성을 지니고 있다. 경영은 성과중심이며, 조직구성원이 공무원보다는 많은 자율성을 가

지고 움직인다.

⑥ 권력성(강제성): 행정은 목표가 공익을 달성하고 행정환경(국민, 의회, 이익집단 등 외부통제 세력)의 통제를 받고 책임을 가지고 있으며, 또한 관료제의 속성상 구성원에 대한 강제성을 많이 띠고 있지만 경영은 이윤을 추구하는 공리조직으로서 권력성은 약하다.

⑦ 독점성: 행정은 국가의 활동에서 강력한 통제력을 가진 유일한 독점조직이다. 따라서 경쟁대상이 없으며, 경영은 시장에서 경쟁기업이 반드시 둘 이상 존재하기 마련이다. 또한 독점은 정부의 통제대상이 되므로 독점성을 지니기 어렵고, 기업도 고객과 국민에 대한 봉사성이 강조되고 있다.

⑧ 능률성 측정: 행정은 능률성에 대한 평가를 하기 어렵다. 공익과 같은 사회적 가치배분문제에 대한 능률성의 정도는 더욱 계량화(수치화)하기 어려운 개념이다. 반면에 경영은 생산성과 연결된 이윤이 그 판단기준이 되며 계량화가 가능한 개념이라 할 수 있다.

⑨ 법적 통제 정도: 행정은 공무원법과 같은 법적 통제로서 구성원들을 제약하는 통제 정도가 매우 강하며, 경영은 회사내규에 의한 통제로서 약하다고 볼 수 있다.

⑩ 대상에 대한 평등성: 행정력이 미치는 국민 모두가 법 앞의 평등성이 보장되지만, 경영은 이익추구 측면에서 고객에 따라 다른 대우를 하게 된다.

⑪ 활동의 범위와 영향력: 행정은 전 국민에 걸쳐 활동하며, 그 영향력은 광범위하다. 그러나 경영은 활동의 규모와 그 영향력의 범위가 고객과 경제 분야에 국한된다.

⑫ 정보공개: 행정은 국민의 알 권리 충족이라는 법적 차원에서 특수정부활동 외에는 정보의 공개가 의무적인 데 비해 경영활동에 대한 공개는 자율적이며 공개를 하지 않아도 고객이나 법으로부터 제재를 받지 않는 비공개성과 비밀성을 가지고 있다.

⑬ 신분보장: 구성원의 신분보장에 있어서는 행정은 공무원임용법에 따라

개인 사유에 의하지 않고는 면직을 강요당하지 않지만 사기업에서는
회사경영주의 결정자가 구속력을 소유하고 있기 때문에 신분보장이
매우 약하다.

⑭ 노동권 보장: 행정은 공조직으로서 노동3권이 제한적으로 보장되고 있
지만 경영은 사조직으로서 노동법에 의해 노동3권이 보장된다.

🗀 행정과 경영의 차이점 비교

구 분	행 정(공행정)	경 영(사행정)
활동주체	국가(정부=행정부)	사기업(민간단체 포함)
조직의 목적	공익 추구	이윤(사익) 추구
목표의 수와 특성	다원성(무형적)	일원성(유형적)
정치성	강함.	약함.
조직운영	획일적	자율적
권력성(강제성)	강함.	약함.
독점성	강함.	약함.
능률성 측정	어려움(비계량적)	용이(계량적, 수치화 가능)
법적 통제 정도	강함(공무원법 적용)	약함(회사내규 적용)
평등성	법 앞의 평등(국민)	차별적 대우(고객)
활동의 범위와 영향력	광범위, 강함.	협소, 약함.
정보공개	의무성(공개성, 알 권리 충족)	자율성(비공개, 비밀성)
신분보장	강함.	자율성(비공개, 비밀성)
노동권 보장	제한적 보장	완전 보장

3. 현대 사회에서의 행정과 경영의 관계

(1) 양자의 차이점의 약화 현상

① 기업체의 대규모성

② 사기업의 정치성 및 영향력 증대

③ 기업의 사회적 책임성과 윤리성의 강조

④ 제3부문(Third Sector, 준정부조직)의 성립과 역할 증대

⑤ 정부역할의 민간에로의 위탁현상 등이다.

(2) 양자의 상대화 견해

① B. Bozeman의 접근방법
　　㉠ 공공관리론 또는 신공공관리론은 정책학과 경영학의 접근 방법에
　　　　의해 발전되었다고 주장한다.
　　㉡ P형 접근법과 B형 접근법 - 신공공관리론의 두 가지 측면
　　　　㉮ B형 접근법(경영학적 측면): 생산의 효율성 및 생산성 강조
　　　　㉯ P형 접근법(정책적인 측면): 행정의 대응성과 정치성 강조
② H. A. Simon: 행정과 경영의 차이관계는 양적·상대적·정도상의 차
　　이에 불과하다고 주장한다.
③ Burnham: 정치인이 아닌 관료나 기업가들이 정치와 정책결정과정에
　　의 참여확대 현상을 '관리자혁명'으로 성의하고 정치·행징·경영이
　　상호 접근하는 현상을 강조하였다.

4. 행정의 경영화

(1) 개념

　행정의 경영화란 공공부문에 기업의 경영적인 면을 가미시키는 것으로서
국민의 요구(행정수요)에 대한 대응성을 높이고 생산적이고 효율적인 정부
의 구축을 목적으로 하는 개념을 말한다.

(2) 추진 배경

① 행정조직의 거대화: 시장실패 이후 지나치게 거대화된 행정에 대한 문
　　제점 인식과 작은 정부 추구 의식의 팽창
② 신자유주의의 영향: 시장경제원리를 주장하는 신자유주의적 경향과 국가
　　경쟁력의 약화, 케인즈적 복지국가이념의 퇴조, 정부의 생산성 문제 등

③ 고객 지향적 행정: 행정은 이제 독자적인 영역의 주인이 아닌 국민을
위한 조직으로서 고객(국민)을 위한 행정이 요청되었다. 조직의 유형
도 경직성의 전통적 관료제에서 환경에 신속하게 대응할 수 있는 탈
관료제의 새로운 조직유형의 필요성 대두
④ 성과(결과)중심적 관리: 전통적 관료제의 관리방식이었던 투입중심에서
성과중심의 관리 지향적 행정역할의 요구

(3) 중심내용

① 작고 효율적인 정부구현
② 행정조직 내 경쟁원리의 도입
③ 고객지향(중심)적 행정운영
④ 부서별 경쟁에 의한 차별적 연말성과급지급제도 시행
⑤ 원가개념의 도입(생산개념 강조)
⑥ 수익자 부담의 원칙 적용 및 확대
⑦ 행정기능의 과감한 민간위탁(네트워크 조직개념)
⑧ 독점이 아닌 경쟁성과 경영성을 강조한 공기업의 민영화
⑨ 관료제의 경직성 해소 및 능률성, 창의성, 자율성, 대응성, 신속성 증진

(4) Osborne과 Gaebler의 기업가적 정부의 10대 원칙

① 촉매정부(Steering): 정부가 모든 영역에서 주도적으로 직접 운영하는
주체자이자 서비스를 직접 전달하는 역할의 노젓기(Rowing) 위치에서
정책을 관리하고 조정·지원하는 조정자, 촉매자의 역할(Steering)을
강조하고 있다.
② 경쟁적 정부: 조직 내에서 이루어지는 공공서비스의 공급과정에서 경
쟁원리를 적용하여 관료(부서) 간의 창의적이고 효율적인 정부를 구축
한다.
③ 임무 지향적 정부: 규칙과 절차에 따르는 소극적이고 피동적인 업무수

행태도에서 신축성을 가지고 임무를 충실히 달성할 수 있는 정부를 말한다.

④ 결과 지향적 정부: 전통적 관료제의 투입방식의 운영체제가 아닌 결과와 성과 중심적 정부가 요구된다.

⑤ 고객 지향적 정부: 공급자(정부관료)중심이 아닌 사용자(국민) 선호에 부응한 서비스 공급이 이루어져야 한다(영국의 시민헌장).

⑥ 시장 중심적 정부: 시장 메커니즘 원리를 적용하여 공공부문의 개혁을 추구한다.

⑦ 분권화 정부: 행정수요에 대한 대응성 증진을 위해 계층제적 경직성의 조직에서 구성원의 참여와 자율성, 책임성, 팀워크를 중시하는 신축성 있는 조직으로 전환한다.

⑧ 기업가적 정신의 정부: 지출중심 운영방식에서 수익과 투자 중심적 운영방식의 정부가 되어야 한다.

⑨ 미래 예견적 정부: 정책에 대한 사전예측에 최선을 다해야 한다.

⑩ 시민소유의 정부: 지역주민의 세금으로 이루어진 공공조직은 중앙정부의 통제에서 탈피하여 시민이 소유하고 통제하는 원리가 우선시되어야 한다.

(5) 비판

① 행정의 윤리성과 책임성 및 사회적 형평성의 확보 곤란: 행정의 기본가치 추구 또는 실적 측면이 무시될 수도 있다.

② 기업가적 정신의 지나친 강조: 기업가적 정신은 모험과 도전정신 등의 요소를 포함하고 있는데, 관료들은 법적 범위 내에서, 제한된 예산범위 내에서 모든 활동이 이루어지고 또한 제약을 받게 된다. 그러나 기업가적 정신의 강조는 관료의 법적 범위 외의 활동을 요구하게 되므로 행정의 안정성과 신뢰성·계속성이 저해될 수도 있다.

③ 명확한 목표설정과 성과측정의 문제: 행정의 목표는 공익이라는 무형성

과 다원성을 가지고 있는데, 경영의 이윤추구개념을 일률적으로 적용하는 데에는 한계가 있다. 또한 성과에 따른 인센티브를 통한 생산성의 추구도 성과기준과 지표의 객관성이 부족하다.

④ 외재적 동기부여에 집착: 성과급 등 경제적인 면에 치중하여 공직자로서의 직업윤리 등과 같은 내재적 측면이 무시되기 때문에 지나친 경쟁과 시장원리적용 등은 한계가 있다.

04 행정이념

1. 의의

(1) 개념

행정이념은 행정조직과 행정인이 행정과정에서 염두에 두고 행해야 할 하나의 행동방향과 지침, 기준, 원칙, 이상, 이념 또는 최고 가치이자 규범 등의 개념으로 정의할 수 있다.

(2) 특성

① 행정이념은 국가상황과 시대, 행정환경 등 여러 요인에 따라 그 이념의 내용과 강조하는 우선순위가 달라진다.

② 각 이념의 내용에 따라 서로 상충되거나 상호 보완적인 관계를 유지하고 있다는 것이 행정이념 간의 관계이다.

(3) 역할과 내용

① 행정이념의 역할은 ㉠ 행정(행정조직과 관료)이 추구해야 할 방향이자

가치와 규범적 요소이며 ⓛ 그 나라, 시대의 행정문화를 이해하는 데 용이하며, ⓒ 이념을 바탕으로 행정의 정당성 확보가 가능하고, ⓔ 정책결정과 정책평가 시 그 기준을 제시해 주고 ⓜ 환경변동에 대한 대응능력과 문제해결능력의 증진에 기여한다.

② 행정이념의 내용은 ⓖ 합법성 ⓛ 민주성 ⓒ 능률성 ⓔ 효과성 ⓜ 정치적 중립성을 기본으로 하며, 그 외에 생산성(효율성), 합리성, 투명성, 신뢰성을 추가할 수 있고, 사회적 형평성, 가외성은 이론으로서 별도로 취급하는 것이 바람직하다.

③ 행정의 궁극적인 추구이념은 국민의 인권과 자유 등을 보장하는 정의와 사회적 형평성 등이며, 이를 달성하기 위한 수단적 이념은 민주성, 능률성, 합법성 등이 된다.

>>> **알고가기**

미국 행정이념의 변천과정

합법성(1920년대) → 능률성(1930 ~ 1940년대 - 과학적 관리론) → 민주성(1950년대 - 인간관계론) → 효과성(1960년대 - 발전행정론) → 사회적 형평성(1970년대 - 신행정학) → 생산성(1980년대 - 신공공관리론) → 신뢰성(1990년대)

2. 행정이념의 내용

(1) 합법성

① 개념: 합법성(legitimacy)이란 모든 행정활동이 법에 따라 수행되고 규제되어야 한다는 것이다. 즉 행정이 자의적인 활동을 해서는 안 된다는 법치주의적 입법국가의 민주정치개념에서 나온 행정이념이다. 법에 근거하지 않는 관료의 재량성과는 상충되는 개념이라 할 수 있다.

② 역할과 중요성

ⓖ 행정의 주관적 자의성을 배제시킬 수 있어 국민의 인권·자유·

권리를 보장할 수 있다.

ⓒ 행정의 안정성·계속성을 확보해 주며, 미래예측가능성을 높여 준다.

ⓒ 행정활동에서 합리성·객관성·공평성을 확보해 준다.

③ 문제점

㉠ 합법성의 비중 저하 초래: 현대 행정국가에서 합법성을 강조하기 어려운 요인으로 행정기능의 확대, 행정의 전문화, 행정환경의 복잡화, 위임입법(준입법권과 준사법권)의 확대를 들 수 있으며, 관료의 재량성의 증대를 가져올 수 있다.

㉡ 합법성의 지나친 강조로 인한 병폐: 업무상 관료의 법 만능주의와 형식주의를 초래하여 국민에게 불편을 가중시키며, 무사안일주의를 가져올 수 있다.

㉢ 합법성은 행정의 경직성을 초래하여 개혁을 통한 쇄신적 행정구현을 저해한다.

㉣ 합법성은 소극적인 개념이다.

(2) 민주성

① 개념

㉠ 1차적 민주성(대외적 민주성): 행정과정에서 민주화를 바탕으로 국민을 위한 책임구현행정, 국민의 의사가 우선적으로 존중되고 반영되는 행정, 국민에 최대로 봉사하는 서비스 행정의 향상을 추구하는 이념이다.

㉡ 2차적 민주성(대내적 민주성): 민주적 리더십과 함께 의사결정과정에서의 참여와 권한의 위임, 관료의 능력발전 및 사기진작, 자기실현욕구의 충족 등 합리적 인사행정의 구현 등을 말한다. 조직 내적 민주성은 제도론적 관점에서 비공식조직의 인정과 활성화, Y론적 조직관리(인사행정에서의 제안제도, 고충처리제도, 인사상담제도, 공무원단체 활성화 등)를 포함하고 있다.

② 민주성의 확보방안

　㉠ 대외적 민주성

- 시민참여의 확대와 책임행정구현
- 행정책임과 통제 및 행정윤리의 강화
- NGO 및 각종 이익집단의 활동 보장
- 행정서비스의 민간위탁 시행
- 책임운영기관의 확대
- 시민헌장의 제정 및 시행
- 총체적 품질관리(TQM, Total Quality Management) 도입·적용
- 재정민주주의의 실현
- 공청회의 활성화
- 민관 협조체제의 구축 및 강화
- 공개행정의 구현
- 행정구제제도의 확립
- 지방정부의 자율성 인정과 지방자치제의 활성화
- 대표적 관료제의 확대
- 경제·사회·환경지표의 설정

　㉡ 대내적 민주성

- 공무원의 민주적 형태와 가치관의 확립(직업윤리관 및 이념, 신념, 태도 등의 행태변화)
- 분권화(권한의 위임)와 참여 보장
- 집권화 및 계선 중심에서 회의제, 위원회제, 참모제 등으로의 확대
- 민주적 리더십과 하의상달(bottom – up)의 촉진
- MBO 도입과 Y론적 조직관리
- 교육훈련(위탁교육 등)을 통한 능력발전 기회부여 및 사기진작
- 민주적 인간관리(인사상담제도, 고충처리제도, 제안제도, 공무원단체 인정)
- 직무확대와 직무충실

(3) 능률성

① 개념: 능률성(efficiency)의 개념은 투입(input) 대 산출(output)을 말하며, 최소의 투입으로 최대의 산출 기대를 능률성이라 할 수 있다. 보통 능률성은 수단과 기술적인 면에 치중하며 과정적, 계량적(수치화 가능)인 개념이다. 그러나 행정에서는 산출물을 계량화하기 쉽지 않다는 한계가 있다.

② 능률성 개념의 변천(기계적 능률성→사회적 능률성)

　㉠ 기계적 능률성: 기계적 능률성은 정치행정이원론하의 능률을 강조하는 Wilson의 행정관리설과 Taylor의 과학적 관리론의 능률개념을 말한다. 이는 기술적 행정학에서의 능률성을 말하며, 인간과 조직을 기계로 인식하고 가치중립적, 객관적 기준, 수단의 합리성을 강조한다. Gulick은 기계적 능률을 첫째의 공리이자 최고의 선, Simon은 대차대조표적 능률이라고도 표현했다. 또한 기계적 능률은 계량적 능률, 객관적 능률, 수리적 능률, 물리적 능률, 절대적 능률, 단기적 능률, 공학적 능률이라고도 부른다.

　㉡ 사회적 능률성: 사회적 능률성이란 인간관계론과 정치행정 일원론적(통치기능설, 기능적 행정학) 시각에서 나온 개념이다.

　　능률을 사회목적의 실현, 사회 여러 이익의 통합·조정, 인간존엄성의 구현 등 생산적인 차원이 아니라 사회적 차원에서 능률을 인식하고 있다.

　　따라서 사회적 능률은 행정의 민주적 목표달성에서의 능률을 의미한다. 사회적 능률은 인간적 능률, 합목적적 능률, 상대적 능률, 봉사적 능률, 규범적 능률, 장기적 능률, 발전적 능률, 복합적 능률, 종합적 능률이라고도 부른다.

③ 민주성과 능률성의 상호관계: 양 개념은 서로 반비례 관계로 볼 수 있으며, 시대적 상황과 행정환경에 따라서 분리되어 강조되어 왔으나, 오늘날 현대 민주국가에 있어서는 상호보완적인 관계로 민주성은 목

적의 가치로서 능률성은 민주성의 목적을 달성하는 수단적 가치로서
서로 개념적 조화가 필요하다.

(4) 효과성

① 효과성(effectiveness)은 능률성(efficiency)의 산출의 양을 말하는 계량적
   인 개념이 아니라 목표의 달성도를 의미하며, 목표에 치중하고 결과
   적·질적인 개념이다. 능률성과의 관계는 보완적 관계로서 환경과의
   상호작용에 따라 달라진다.
② 능률성은 최소의 투입에 많은 역점을 두고 있지만 효과성은 투입에는
   관심이 적으며, 목표의 달성 정도나 정책효과에 중심을 두는 개념이다.
③ 효과성은 1960년대 발전기능설이 등장하면서 신생독립국과 개발도상
   국의 국가발전개념에 적용된 최고의 행정이념이었으며, 신행정학에서
   도 강조되었다. 효과성을 높이기 위해 조직관리 기법인 MBO(목표관
   리)가 미국의 닉슨대통령에 의해 연방정부에 처음 도입되었으며, 우리
   나라는 서울시가 처음 도입·적용하기 시작했고, 지방자치단체에서도
   도입이 이루어지고 있다.

(5) 정치적 중립성

① 정치적 중립성이란 행정이 정치적 영향을 받지 않는 것을 말하는데,
   정치의 소용돌이에 휘말려서도 안 되며, 정치권력자의 의도에 따라
   사병이나 도구로 사용되어서는 안 된다는 것이다. 또한 관료는 정치
   에 관여하지도 않는 것을 말한다. 공직자는 정당에 가입할 수 없으며,
   특정 후보와 정당을 지지해서는 안 된다는 것이다. 정치의 영향을 받
   는 행정은 전체 국민의 공익추구에 한계를 가지게 되며, 객관적이고
   합리적인 정책을 입안하고 추진하는 행정과정을 이루어 낼 수 없게
   된다. 그 이유는 정치인이란 자신의 정치적 이익을 추구하는 데 총력
   을 기울일 것이며, 특정 정당도 정당의 이익을 위해 공익보다는 특정

지역이나 특정 집단 등에 편중된 정책을 추진하기 위해 행정에 영향
력을 행사할 것이기 때문이다.

② 정치적 중립성의 확보는 행정의 계속성·안정성·합리성·능률성을
확보할 수 있는데, 직업공무원제의 강화는 공무원의 신분보장과 함께
정치적 중립성을 더욱 높일 수 있다.

③ 그러나 오늘날 정치적 중립성에 문제가 되는 점은 공무원도 하나의
국민인 동시에 유권자로서 형평성이 박탈되기 때문이다.

(6) 기타 행정이념: 생산성, 합리성, 신뢰성, 투명성

① 생산성: 경제학적 측면을 강조한 개념으로 효과성과 능률성을 합친 효
율성의 개념이다. 이는 업무개선을 통한 행정서비스의 향상과 행정의
책임성 확보, 정책결정능력의 개선, 예산절감 등에 영향을 주기 때문
에 행정의 신뢰성 증진을 기할 수 있고, 행정은 목표의 다원성과 가
치 지향적인 면이 있기 때문에 행정에의 적용이 용이하지 않으며, 특
히 행정업무의 산출량과 단위를 측정하는 데 한계가 있다.

② 합리성: 의사결정(정책결정)과정에서 목표달성의 수단을 선택하는 데
적용하는 개념이다. 즉 의사결정과정에서 최적의 대안과 수단을 선택
하는 데 합리적인 과정과 절차를 거쳐야 한다는 것이다. 합리성에는
다음과 같은 유형적 분류가 있다.

　㉠ H. A. Simon의 분류

　　㉮ 내용적 합리성: 경제학적 개념으로서 목표달성을 위한 비용의
극소화로 효용과 이윤을 극대화시키는 행위를 기했을 때, 즉
대안설정에 있어서 경제적 합리성을 추구했다면 내용적 합리
성이 존재한다고 본다.

　　㉯ 절차적 합리성: 의사결정과정에서 인간의 편견과 오류가 작용
하지 않고 이성을 바탕으로 과정과 절차가 이루어졌을 때의
합리성을 말한다.

ⓛ K. Manheim의 분류

㉮ 실질적 합리성: 사건이나 요소 상호 간의 관계에 있어서 충동
이 아닌 이성적 사고력이나 지성적 통찰력을 나타내는 사고
작용을 중심으로 판단하는 합리성을 말한다.

㉯ 기능적 합리성: 현실적 합리성으로서 목표달성에 체계적·순기
능적 행위를 했을 때 나타나는 합리성을 일컬으며, Simon의
내용적 합리성과 유사하다. 관료제는 기능적 합리성이 적용되
는 조직으로 인식된다.

ⓒ P. Diesing의 분류

㉮ 기술적 합리성: 목표달성을 위한 최적의 수단을 찾는 합리성을
말하며, 이때 대안의 평가기준은 목표달성도(효과성)이다.

㉯ 경제적 합리성: 대안을 평가할 때 경제성을 기준으로 합리성의
여부를 판단하는 것인데, 비용과 편익의 측정·비교에 따라 결
정된다.

㉰ 정치적 합리성: 정책결정구조상의 합리성을 추구하는 것으로,
합리적인 결정을 할 수 있는 구조적 여건을 말한다.

㉱ 사회적 합리성: 사회 내의 구성요소 간의 통합 정도와 통합능력
의 여부를 의미하며, 사회 각 세력들이 정치적 과정(타협, 조정
등)을 통해 갈등이 잘 해결될 때, 또는 그런 제도와 여건이 잘
이루어진 사회는 사회적 합리성이 높다고 볼 수 있다.

㉲ 법적 합리성: 법적 영역 내에서 갈등이 해결되고 권한의 경계를
명확하게 해 주는 합리성을 말한다.

㉣ R. L. Lineberry의 분류

⑦ 죄수의 딜레마: 공범이 각각 심문을 받을 때 서로 죄를 작게 하려고 진술하는 과정에서 자신의 최선의 진술(선택)이 두 죄수에게는 오히려 불합리한 결과를 가져온다는 것이다. 즉 개인의 합리적인 행동이 전체의 합리적 결과(최적의 결과)를 가져다주지 않는다는 것이다.

④ 공유지의 비극: 공유지(공동으로 사용하는 목초지, 어장 등)에서는 모든 사람들이 자신의 이익추구(합리성 추구)를 위해 과도한 방목과 남획을 함으로써 공유지의 황폐함을 초래한다. 이러한 개인의 합리적 행위는 집단적·사회적으로 결코 바람직한 결과를 가져오지 않는다는 것이다(죄수의 딜레마와 공유지의 비극은 시장실패의 이론적 배경).

㉤ 합리성 적용시의 제약요인: 감정적 요소, 가치선호의 갈등, 지식 및 정보의 불완전성, 기존의 가치체계, 비용의 과중, 습관과 기억, 관성적 현상 등

③ 신뢰성(Fukuyama와 Coleman의 주장)

㉠ 신뢰는 사회적 자본으로 사회(공동체)를 유지시키는 능력으로 보는데, 사회적 자본은 종교, 전통, 관습 등 문화적 요소를 통해 창조된다.

㉡ 강제성과 수직적 결합의 공동체(결사체)에서는 사회적 신뢰와 협동을 유지할 수 없다.

㉢ 사회적 자본의 구축은 공동체가 자발적으로 형성되고 수평적 관계로 이루어져 있으며, 공식적·몰인격적·이차적인 신뢰를 전제조건으로 한다.

㉣ 사적인 신뢰가 강한 관계는 구성원 간 갈등과 사회적 불안을 초래할 수도 있다.

㉤ 민주적 제도는 신뢰를 바탕으로 정착되며, 신뢰가 높은 사회는 사회적 자본이 형성된다고 본다.

㉥ 신뢰가 높은 공동체는 더 이상의 계약관계와 구성원의 관계에 대

한 법적 규제가 필요치 않으며, 신뢰를 바탕으로 한 자발적 주민 참여와 주민 간의 네트워크 형성은 행정활동에도 긍정적 역할을 한다.

    ⓢ 거버넌스 출현과 함께 신뢰의 중요성이 부각되었으며, 정부는 국민으로부터 신뢰를 회복하기 위해 행정의 투명성과 공개를 바탕으로 한 행정을 구현하여야 한다. 이를 위해 공무원의 부정부패 방지와 행정절차법의 공개 및 정보공개, 24시간 열린 행정과 시민참여행정을 활성화하여야 한다.

④ 투명성: 정책결정 및 집행과정 등 다양한 행정활동이 개방성과 투명성을 가진다는 것을 의미하며, 거버넌스 개념의 출현으로 공공부문과 민간부문의 연결이 중요시되면서 하나의 행정이념으로 인식되고 있다. 행정의 투명성은 정부의 신뢰를 높여 거버넌스를 더욱 강화시킨다. 그 방안으로서는 주민투표(국민투표), 주민발의(국민발안) 및 주민소환(국민소환), 주민예산참여 및 감시, 주민감사청구 및 소송제, 내부고발제도, 국가청렴위원회의 활성화 등이 있다.

Check Point

사회적 자본

1. 개념

거버넌스는 신뢰를 바탕으로 한 네트워크 사회, 공동체 사회이다. 이러한 조직 간, 정부와 시민 간의 관계는 신뢰를 바탕으로 이루어진다. 사회적 구조의 하나인 신뢰는 사회가 운영되는 하나의 에너지로 인식한다. 사회적 자본은 공동의 목표를 위해 협력하는 사회적 구조로서 신뢰, 사회적 연결망, 상호 호혜의 규범, 믿음, 규율 등으로 구성된다(Kettle).

2. 기능

(1) **정보 획득기능**: 조직 사이의 연계망으로 새로운 기술과 지식 및 정보획득을 가능케 한다.
(2) **일탈 구성원의 효과적 통제 기능**: 지역 네트워크를 통해 사회규범을 어기는 일탈 구성원에 대한 통제가 용이해진다.
(3) 사회적 결속강화와 삶의 질 증진

3. 사회적 형평성의 의의

(1) 행정과 사회적 형평

① 행정의 궁극적 목적은 전체 국민이 행복하게 삶을 누리도록 하는 것이다. 따라서 행정은 일정한 정책과 행정활동을 통하여 직·간접적으로 국민의 삶의 질적 수준 향상에 힘을 기울여야 한다. 여기서 행정의 역할이 강조되는 부분은 국민 전체가 높은 질적 수준의 삶과 행복한 삶을 모든 국민이 균등하게 누려야 한다는 것이다.

② 형평(equity)이란 J. A.Rawls의 정의론(justice theory)에서 시작된 개념인데, 형평과 정의는 기본적으로 인간의 기본적 권리와 의무를 배분하고, 구체적으로는 사회적 이익을 배분하는 것을 말한다.

③ 1960년대 말부터 70년대 초에 미국 행정학의 주류를 이루었던 신행정학이 사회적 형평성을 강조하면서 새로운 가치이념으로 부각되기 시작했다. 행정이 관리의 분야나 정치의 분야를 강조하느냐 하는 기존의 논쟁과 규범적인 틀에서 벗어나 진정한 행정의 역할이 무엇이며, 그 대상이 누구냐 하는 것에 대한 새로운 가치의 문제로 제기된 것이다. 그러므로 일반적으로 행정이 대내외적으로 공정하고 사회 전체 구성계층에 대한 형평과 아울러 특히, 사회적·정치적으로 소외된 약자나 가난한 자에 대한 형평성이 요구된다.

(2) 사회적 형평성의 두 차원

① 수평적 형평성: 소득이나 외재적 환경 등 동일한 조건의 사람들에게는 차별 없이 동일한 공공서비스가 제공된다는 원리이다. 즉 동일한 조건하에 동일하게 대우하며 기회도 균등하게 준다는 것이다(공직임용의 기회, 같은 국민이면 개인의 상황과 능력을 고려하지 않고 모두 동일하게 대우하는 것을 말한다).

② 수직적 형평성: 여러 환경적 요인과 개인의 상황에 따라 나타나는 차

이를 고려하여 다른 기준의 공공서비스의 제공을 의미한다. 다시 말하면, 소득과 납세능력, 성별, 연령, 지리적 상황 등에 따라 다르게 서비스가 적용된다. 인간은 능력과 여러 가지 요인과 상황이 다 공평하지 못하기 때문에 그런 부족한 차이를 인정하고 누구나 다 행복이라는 목표에 도달하도록 평등하게 관리되어야 한다는 차원에서 수직적 형평성이야 말로 인간을 위한 진정한 평등으로 보아야 한다. 서양의 경우는 인종, 소수집단 등에 대한 정책이 달라야 한다는 것이다(우리나라도 여성 및 장애인고용촉진정책, 교원임용시험에 국가유공자 자녀 가점부여제도, 누진세 등이 있으며, 미국에서는 인종, 성별 등을 고려한 별도의 공직임용의 기회를 부여하는 대표적 관료제가 이에 해당된다. 대표적 관료제는 행정의 민주성, 책임성과 형평성, 그리고 행정의 대응성 증진의 근거로 마련되었다).

(3) 기타 사회적 형평성의 내용

① **배분적 형평성**: 인간의 생활수준의 차이를 해소하기 위한 것으로서 사회 전체적인 가치의 배분이 삶의 질 향상과 같은 국민 전체의 사회복지증대를 가져왔을 때 배분적 형평성이 달성되었다고 본다.

② **보상적 형평성**: 정부가 형평성을 달성하려는 과정에서 특수한 사정과 원인으로 형평성 있게 가치의 배분을 이루지 못했을 때 발생한 불공평성에 대해 그 정도만큼 보상을 전제로 하는 경우의 형평성을 의미힌다.

③ **사전적 형평성**: 모든 국민에게 기회나 위험이 동일하게 미칠 때 적용되는 형평성인데, 예를 들면 불특정 다수인 누구에게나 범죄의 피해에 노출될 경우 범죄다발지역에 순찰활동을 강화해 주어야 사전적 형평성이 달성된다고 본다.

④ **사후적 형평성**: 모든 사람이 동일한 비용을 부담하거나 보상을 제공받을 경우의 형평성을 말한다. 순찰활동 강화로 사전에 범죄의 피해를

방지시켜 사전적 형평은 달성되지만 순찰활동으로 모든 지역의 범죄가 동일한 수준으로 예방되지는 못한다. 이때 모든 사람이 똑같이 순찰비용을 부담하여 범죄예방이 이루어지는 보상을 받아야만 사후적 형평성의 문제가 해결된다.

⑤ 즉 누구나 건강의 문제가 없다면, 병역의무의 기회가 균등하게 주어져야 한다는 것은 사전적 형평성의 문제이고, 결과적으로 군복무를 한 사람과 하지 않은 사람 사이의 문제는 사후적 형평성의 문제이다.

(4) 사회적 형평성의 이론적 근거

① **욕구이론:** 인간의 기본적 욕구의 절대충족을 중시하는 것으로서, 개인이 가진 능력이나 실적에 무관하게 욕구가 충족되어야 할 권리가 인간에게는 있다는 주장이다. 계급론을 부정하면서 평등을 주장하는 사회주의자들이 지지하는 이론이다.

② **평등이론:** 인간의 가치는 개인의 능력과 신분에 관계없이 동일하게 취급되어야 한다며, 극단주의나 사회주의자들의 입장으로서 결과의 평등을 강조하고 있다(절대적, 획일적, 기계적 평등). 주로 공공정책에서 많이 나타나며, 최저임금제, 사회보장제도, 의무교육제도, 누진세 등은 평등이론에 근거한다. 반대 입장으로 Taylor란 학자는 기계적 평등은 사회공동선을 달성할 수 없다고 주장하였다.

③ **실적이론:** 인간이 사회에 공헌한 경우와 공헌한 양만큼 반대급부로서 사회적 형평이나 배분이 이루어지며 인간의 능력이나 실적의 차이를 인정해야만 형평이 가능하다고 본다(능력과 실적의 차이에 따라 차별대우 강조). 평등이론은 처음부터 수평적 평등과 수직적 평등을 구분해서 주장하는 반면에 실적이론에서는 기회균등을 전제로 하고 그 다음의 문제로 능력의 차이에 따른 배분과 형평이 이루어져야 한다고 주장한다. 공공정책도 일단 기회균등을 전제로 시행하고 개인의 능력과 실적에 따라 가치를 배분하는 판단하에 정책이 추진되어야 한다는

입장으로 정부의 경제규제정책과 시장개입 등이 이에 해당된다. 이는 자유주의자들의 입장으로서 기회균등에 입각하여 능력이나 실적에 따라 비례한 상대적 평등을 강조하는데, 형식적, 절차적 평등이다.

(5) Rawls의 정의론

Rawls가 가정한 사회는 자신과 타인에 대한 정보가 없거나 어떤 조건이 자신에게 유리한지를 모르는 무지(unknown)의 베일에 가리어져 있는 불확실한 상태에서 합리적 인간은 최소극대화원리(정의의 원리)에 합의하고 따르는 것으로 보고 있다. 다시 말하면, 인간은 자신과 타인에 대한 정보가 없는 상태에서는 사회의 안정화를 추구하는 기본적인 보편타당한 원칙(정의의 원칙)에 대한 합의를 수용할 것이나. 또한 정의론에서 이익의 분배는 부유층, 중산층, 서민층도 아닌 가장 극빈층에 집중되는 것이 바람직하다고 생각한다.

① 정의의 유형
　ㄱ 제1정의의 원리: 타인의 자유를 침해하지 않는 범위 내에서 기본적 자유를 보장하고 평등한 권리가 최대한 인정되는 자유평등의 원리를 의미한다.
　ㄴ 제2정의의 원리
　　㉮ 기회균등의 원리: 사회·경제적 불평등의 발생은 사회체제 내에서 인정해야 히지만 기회는 지위에 관계없이 누구에게나 균등하게 주어져야 한다는 것이다.
　　㉯ 차등조정의 원리: 부유한 계층과 빈민층과의 차등이 조정되도록 하며, 가장 불우한 사람들(극빈층)의 편익을 최대화하여야 한다는 원리이다(소득재분배와 복지정책의 시작).

🗋 수직적 형평성과 수평적 형평성의 구분

수평적 형평성	수직적 형평성
기회균등(시작의 평등) – 형식적 평등 동일한 것은 동일하게 대우 자유주의자들의 주장 롤즈의 기회균등의 원리	차이를 인정한 대우(결과의 평등) – 실질적 평등 다른 것은 다르게 대우 사회주의자들의 주장 롤즈의 차등조정의 원리

(6) 사회적 형평성 달성을 위한 수단 모색

사회적 형평성의 문제는 우리나라 헌법에도 명시되어 있을 뿐만 아니라 고객인 국민의 인간가치실현과 복지증진을 위한 기본적 전제로 다음과 같은 달성수단을 제시할 수 있다.

① 행정의 공개성과 각종 정책시행 등에 이해당사자들의 의사결정에 참여를 기본으로 한 주민참여의 확대가 필요하다.

② 국가 전체의 균형적인 발전전략의 모색으로 지역 간·계층 간 생활수준의 차이 해소에 주력해야 한다.

③ 공기업의 민영화, 경쟁적 서비스 제공 등을 위한 정책도입으로 국민에 대한 공공서비스 개선이 시급하다.

④ 중앙정부의 집권성을 탈피하고, 지방정부를 중심으로 한 분권화와 자율화를 추진해야 한다.

⑤ 소득분배의 효과를 측정할 수 있는 기법의 도입과 적용이 필요하다.

⑥ 책상업무에서 현장 중심의 업무로 국민의 바람을 직접 청취하여 정책화되어야 하며, 그 실효성을 검토하는 환류를 지속하여야 한다.

⑦ 디지털 시대와 향후 U – Government와 같은 신세계 도래에 따른 새로운 사회적 형평성 개념을 발굴하는 연구에 학자와 관료들의 노력이 요구된다.

4. 가외성(加外性, Redundancy)의 논리

(1) 의의

① 개념
  ㉠ 가외성은 중첩·중복, 동등잠재력의 개념을 말하며, 중첩성의 문제
    가 본격적으로 논의된 것은 M. Landau에서 비롯되며, 본래 정보과
    학, 사이버네틱스 등에서 활발하게 논의되고 적용되었다.
  ㉡ 행정에서는 정책의 불확실성에 따른 정책실패를 최소화 또는 방지
    를 위해 기능을 중복시키는 것이다. 다시 말하면 정책의 대안을
    설정할 때도 문제해결의 대안을 1차, 2차로 몇 가지 대안을 설정
    하지 않고 하나만 설정해 놓았다년 예기치 않은 상황의 발생으로
    정책달성에 문제가 생길 수 있다. 따라서 서로 각각의 독립된 기
    능을 평소에 수행하다가 1차 대안이 문제가 생겼을 때는 2차 대안
    으로 대치하여 문제를 해결하는 보완적 기능을 추가 설정하는 이
    론이다(중복기능). 등전위현상도 가외성으로 주 조직기능의 장애나
    마비가 발생했을 때 다른 보조적 조직이 주된 조직의 기능을 인수
    하여 수행하는 것을 말한다.

② 가외성의 구성 요소
  ㉠ 중첩성(overlapping): 여러 행정기관이 상호의존성을 가지면서 기
    능이 공동 관리된다.
  ㉡ 중복 또는 반복성(duplication): 동일한 기능을 여러 행정기관이 독
    자적인 상태에서 수행하다가 어느 한 기능이 수행하지 못할 상황
    에서 다른 기능이 대신 수행하는 기능(자동차의 이중브레이크, 정
    보기관 – 국가정보원, 기무사·경찰 정보기관 등)
  ㉢ 등전위현상(equipotentiality) 또는 동등잠재력: 주된 조직이나 목표가
    제 기능을 못할 때 바로 하위 또는 부수조직이나 목표가 이를 대
    신해 주는 현상(대통령과 국무총리 관계)

③ 가외성의 예: 제도적인 측면에는 3권 분립(입법부, 행정부, 사법부의 상호견제와 균형), 계선에 대한 막료의 역할(계선의 정책판단 오류 보완), 사법심판의 3심제, 양원제, 위원회제, 거부권제도, 품의제(여러 상급층의 결재자), 다중의 정보기관, 자동차의 스페어타이어, 빌딩의 비상발전기, 주낙하산과 보조낙하산, 두 개의 핸드폰 배터리 등을 들 수 있다.

(2) 가외성의 정당화 논리

가외성이 정당화되는 논리는 정책결정과정에서 불확실성으로 인한 미래예측이 어렵다는 것과 조직은 복잡한 신경구조처럼 구성되어 있고, 현대사회 문제의 복잡성과 다양성은 불완전한 정보체제의 위험성과 미비점을 증대시켜 보완책을 필요로 하며 조직의 체제적 성격은 상위체제와 하위체제로 구성되어 각각 그 기능을 수행하는데, 각 체제 간의 견고하고 안전한 관계가 아닐 때 문제예방기능을 해야 한다. 마지막으로 협상과정에서 의사전달의 반복성·중첩성은 주요한 요소인데, 현대 사회는 협상으로 모든 것을 결정하므로 협상의 반복성이 중요하다고 인식된다.

(3) 가외성의 효용

① 조직의 적응성 제고: 중복기능의 등전위현상 등은 위험사태에 대한 적응성을 증진해 준다.
② 안전성과 신뢰성의 증진: 가외성의 산술적 증가는 실패의 확률을 감소시킨다.
③ 창조성의 증가: 모든 기능 및 요소들이 중첩·반복적으로 엮어질 때 원활한 의사전달이 이루어지며, 그것의 상호작용으로 인한 창조성이 증가된다.
④ 정보의 정확성 확보에 기여: 보다 다원적이고 경쟁적인 정보체제가 존재할 때 정보의 정확성이 확보된다.

⑤ 그 외에도 창의성에 기여(경쟁기능의 경쟁에 의해), 수용범위의 한계 극복, 목표전환현상의 완화 등을 들 수 있다.

(4) 가외성의 한계

① 비용 대 효과적 측면: 정책의 불확실성을 높이고자 기능을 중복으로 작동시켜 정책의 불확실성을 줄이기 위해 가외성을 증진시키고자 하는 데는 중복된 기능만큼 비용의 증가를 가져온다. 또한 설치비용보다는 높은 효과가 나타나야 하는데, 그렇지 않을 때는 가외성의 적용은 그 한계를 갖게 된다.

② 운영적 측면: 가외성은 이중적 기능의 작동으로 기능 간 충돌과 대립의 가능성을 내포하게 되므로 운영적 측면의 문제점이 나타날 수 있다. 또한 감축관리와의 조화가 문제시되는데 감축관리는 운영의 효율성 측면에서 불필요하게 중복된 기능을 제거하려는 것이므로 가외성과 감축관리의 조정, 조화가 중요한 행정운영상의 문제로 인식되어야 한다.

5. 행정이념 간의 관계

행정이념들은 국가마다 또한 환경에 따라서는 서로 상호 보완관계에 놓이기도 하고, 때로는 갈등관계로 작용할 수도 있다. 그리고 이념 간의 우선순위의 문제가 대두되는데, 어떤 이념이 우선시된다고 해서 상대적으로 다른 이념은 경시되어야 한다는 의미가 아니고, 시대적 요청과 정신에 따라서 또는 국가적 상황과 행정환경에 따라서 보다 우선적으로 강조될 수 있다는 것으로 인식해야 한다. 무엇보다도 나라마다 우선순위가 다르다는 것을 전제하면 된다. 예를 들어 미국과 같은 선진 민주주의 국가에서는 민주성이 먼저 요청될 것이고 개도국이나 후진국에서는 국가발전을 위해 효과성이 강조되기 마련이다.

(1) 같은 방향으로 나가는 경우(조화·친숙관계)

① 합법성과 민주성: 두 이념은 질적(정치적·법학적) 행정이념으로서 모두 인간의 존엄성과 국민의 권리·자유·권익을 보장하고 국민에 대한 봉사를 증진하려는 점에서 조화관계로 볼 수 있으며, 차이점은 합법성이 국민에 대한 자유보장의 측면에서 소극적이라는 점과 민주성은 보다 적극적인 자유보장에 주안점을 둔다는 점에서 양자 간 차이가 있다. 그러나 합법성을 기존의 질서유지에 주안점을 두고 적용시킬 때에는 민주성과는 정면으로 대립될 가능성도 있다.

② 능률성과 효과성: 능률성과 효과성은 목표달성과 연결되는 양적(경제적·경영학적)개념으로서 신속하게 목표를 달성하고 경제적인 측면에서도 합리성(경제적 합리성)을 강조한다는 점에서 서로 같은 방향으로 나아간다고 볼 수 있다. 능률성은 목표달성의 수단성을 강조하고 효과성은 목적성과 가치성을 추구한다는 점에서 차이는 있으나, 두 개념은 정비례관계로 작용한다고 보는 것이다.

③ 능률성과 중립성: 양자 모두 기술성과 도구성을 강조하고 있다.

가외성의 논리로서의 품의제

1. **개념:** 품의제란 기관 내에서 이루어지는 각종 업무처리에 관한 의견을 문서로써 상신하고 의사결정을 받는 절차를 말하며, 상관을 가장으로, 부하들을 가족구성원으로 여기는 가족주의적 행정문화를 배경으로 한다. **품의제의 확립요건은** ① 기안문서 작성 및 보고 ② 계층상의 문서에의 기재날인 ③ 최고관리자의 결재

2. **필요성과 문제점**

   (1) **필요성**
      ① 정보획득수단과 결재를 통한 보람, 완료 등 심리적 만족감 부여
      ② 사전통제로 정책오류 최소화
      ③ 해당 과(課)·국(局) 등 계층 간 사전조정 및 협의 가능
      ④ 상하 간의 의사전달기능, 정보공유, 일체감 등 조성
      ⑤ 관리자로서 자질양성기회를 제공, 구성원들의 참여의식과 사기앙양
      ⑥ 집권적 집행체제 수립으로 조직의 결속력 강화 및 운영 가능

   (2) **문제점**
      ① 품의기간(결재기간)으로 행정능률의 저하
      ② 결정과정의 형식화 초래 - red tape
      ③ 주사행정의 폐단(6급 공무원 등의 하급공무원은 이동이 많지 않아 그 방면의 경험·정보 등에만 상급 결재자가 이들에게 지나치게 의존) - 고급공무원의 지도력 및 전문성 저하 우려
      ④ 결재자 간 책임소재의 분산으로 책임불명확
      ⑤ 하위층의 고위계층에 대한 책임의 전가(轉嫁) 및 의존
      ⑥ 조직 간의 횡적 협조 곤란 - 할거주의
      ⑦ 선례답습 및 보수주의 강화 - 쇄신적 의사결정 부족
      ⑧ 최고 관리층의 결재량 증가 - 업무부담 증가 및 기획구상시간 및 기회부족

(2) 서로 반대 방향으로 나아가는 경우(갈등·상충관계)

① **능률성과 민주성:** 민주성이 강조될 때 능률성은 희생되기 쉽고, 능률성이 강조될 때 민주성은 소홀히 취급된다. 다시 말해서 국민의 입장에서 행정추구는 능률성을 저하시키고 능률성을 강조한 행정구현은 국민의 입장이 고려되지 않기 때문에 민주성은 그만큼 낮아지게 된다.

② **민주성과 효과성:** 민주성은 정당한 절차와 과정을 중시하지만 효과성은 목적성취에 치중하고 절차를 싫어하며, 수단과 방법을 가리지 않는다.

③ **합법성과 효과성:** 합법성과 효과성의 관계도 능률성과 민주성의 관계처럼 어느 한쪽을 강조하면 다른 한쪽은 소홀해지기 쉬운 관계로 서로 갈등관계에 있다. 즉 합법성은 절차를 강조하여 행정업무를 하게

되면 시간 등이 많이 소요되어 목표달성도인 효과성은 저해되게 마련이다. 합법성이 절차를 강조할 때에 효과성은 목적달성만을 강조한다.

④ 민주성과 중립성: 민주성은 가치성, 대표성, 함의성을 추구할 때에 중립성은 기술성, 도구성, 공정성을 추구하기 때문이다.

(3) 기타 반대방향 관계

① **능률성과 형평성**: 능률성은 산출을 중심으로 하나 사회적 형평성은 소득재분배와 복지증진이라는 가치창조를 강조하므로 서로 상충관계이다.

② **능률성과 가외성**: 능률성은 절약과 능률을 최고 가치로 인식하지만 가외성은 정책의 안정성과 신뢰성을 높이기 위해 중복된 기능과 역할을 중시하여 추가적으로 설치하는 개념이므로 서로 상충관계에 있다.

<행정이념 간의 관계>

조화관계 (동일방향)	합법성 – 민주성	국민의 자유와 권익보호 및 신장을 목적
	능률성 – 효과성	목표의 신속성, 경제성을 목적 – 능률성: 수단성 강조 – 효과성: 목적성취와 가치 강조
	능률성 – 중립성	기술성과 도구성을 강조
	민주성 – 형평성	민주성은 국민에 대한 대응성, 공익성, 책임성 강조
갈등관계 (반대방향)	민주성 – 능률성	– 민주성: 가치 강조 – 능률성: 수단 강조(형평성 저해)
	민주성 – 효과성	– 민주성: 정당한 절차와 과정 중시 – 효과성: 절차 무시, 수단 및 방법 무관
	합법성 – 효과성	– 합법성: 절차, 명분, 공식성 강조(대응성 부족) – 효과성: 목적, 실리 강조 비공식성 중시
	민주성 – 중립성	– 민주성: 가치성, 대표성, 함의성 포함 중립성: 기술성과 도구성, 공식성 중시

05 환경과 행정

1. 행정환경(최창호)

(1) 행정환경의 의의 및 구조

환경이란 어떤 물체를 둘러싸고 영향 내지는 상호작용을 하고 있는 총체를 말하며, 자연적·물리적·정치적·사회문화적·인간적 상황과 조건을 포함한다. 그렇다면 행정환경은 행정조직을 둘러싸고 있는 여러 체계라고 말할 수 있다. 그 체계는 정치·경제·사회문화체계 등 매우 다양한 체계를 행정의 환경으로 가지고 있다. 그중에 정치체계는 행정의 직접적인 영향과 상호작용을 끊임없이 주고받는 1차 환경으로 간주할 수 있다.

(2) 행정환경관의 변천

① 제1단계: 환경을 고려하지 않았던 단계로서 기술적 행정이론으로부터 기능적 행정이론까지가 모두 해당한다. 이 두 이론에서는 미국의 행정이나 한국의 행정이나 실질이 같다고 하는 행정의 보편성을 전제로 삼았던 것이다.

② 제2단계: 행정은 환경으로부터 절대적으로 영향을 받는다는 것을 강조하는 단계로서 사회적 행정이론이 이에 속한다. 이 이론에서는 행정이란 진공 속에 있는 것이 아니라 어떤 환경 속에 속해 있는 것이며, 행정은 그것을 둘러싸고 있는 환경변수에 따라 그 실질을 달리하는 것이라고 강조한다. 이 사회적 행정이론(비교행정론에 영향을 준 행정생태론)의 특징은 행정과 환경의 관계에 있어서 행정을 환경의 종속변수로 보고 환경에 대한 영향인 환경으로부터의 투입작용을 매우 중시하였다. 거시적 조직이론에서는 조직과 환경과의 관계를 결정론과 임의론으로 구분하는데, 환경을 독립변수로 보는 결정론이 이에 해당

되며 상황적응이론, 조직군생태학, 제도론, 조직경제학이론으로 정리된다(조직론에서 자세히 설명함).

③ 제3단계: 행정은 환경으로부터 영향을 받을 뿐만 아니라 행정도 능동적으로 환경에 영향을 주는 것이라는, 즉 투입작용과 산출작용을 동시에 인정하는 단계이며 발전 행정론적 행정이론이 강조되는 시기이다. 이 이론에서는 행정은 환경에 의하여 결정되기도 하지만, 동시에 행정은 환경에 대해 독립변수로서 영향을 주며, 환경을 적극적으로 개조해 나갈 수도 있고, 개조해 나가야 한다고 주장한다. 조직이론에서 이에 해당하는 임의론은 전략적 선택이론, 자원의존모형, 공동체 생태학이론이다.

2. 발전도상국의 행정환경

Riggs는 비교행정론의 주창자로서 프리즘적 모형을 통해 농업사회에서 분화된 산업사회로 전이되는 중간과정으로서 발전도상국의 현상을 설명하였다(생태론). 프리즘적 사회는 과도기적인 사회의 모습으로 의욕상은 곧 선진국 사회로 변모하고자 노력하나 시행착오와 함께 발전도상국의 여러 전통적인 요인을 극복하지 못하고 미분화된 농업사회(후진국가)와 분화된 산업사회(선진 국가)의 현상을 동시에 보이고 있는 국가를 말한다.

(1) 정치적 환경

발전도상국들은 대체로 정치체제가 정치적 불안정과 권위주의 경향을 띠고 있다. 발전도상국들의 대부분은 신생독립국(제3세계)으로서 군사정권의 성립으로 인해 정치적 정당성이 결여되어 정치적 불안정의 한계를 안고 있으며, 정부는 정치적 불안정을 극복하기 위해 권위주의적인 지배로 국민을 통제해 나간다. 행정 관료는 ① 기회주의적 성향 ② 관료주의화 ③ 폐쇄주의적 행정의 특색을 보인다.

(2) 경제적 환경

신생독립국인 발전도상국은 지배국가로부터 물려받은 유산은 통치조직이 전부이며, 민간부문(기업)의 자본은 대단히 미흡한 실정이다. 그러나 정치적 정당성의 확보를 위해 급속한 경제발전을 추구하다 보니 사회적 형평성보다는 효과성을 최고 가치로 삼고 행정우위의 현상을 강화하며 행정주도적인 국가발전을 추구하게 된다. 그 특징으로는 단기적인 급속한 경제성장추구, 가격의 불명확성·신축성·보답성과 부담성에 의한 가변성(에누리, Riggs의 bazaar – canteen현상), 파리아 자본주의(천민자본주의) 경향이 농후해지는데, 장기적 자본투자의 모험보다는 단기사업이나 고리 금융에 더 많은 노력을 집중한다. 즉 자본은 비생산적인 소비부문에 유통되기 때문에 시장기능이 자본형성과 생산력 증대에 기여하지 못한다.

(3) 사회적 환경

사회적으로는 종파주의와 도당적 집단, 과도한 사회유동의 경향이 짙게 나타나고 있으며, 무분별한 출세주의의 경향이 발생한다.

① 다종·다양한 종파주의(poly communalism)의 작용: 사회에 종족, 지연, 학벌 등의 종파적인 유대에 기초한 집단들이 강력한 구속력을 바탕으로 존재함으로써 상호 대립과 투쟁을 격화시키고 있으며, 항상 사회에는 연고우선과 차별대우가 만연하고 있다.

② 도당성의 사회적 지배: 사회의 모든 조직은 형식상으로는 근대적인 결사체의 조직형태를 취하고 있으나, 실제는 전통적인 종파(community)의 성격을 띠고 있다. 정당, 이익단체 등이 형식상으로는 근대적 결사체이지만 실제는 종파에 의해 운영되고 있으며, 심지어는 정부기관에서도 발생한다.

③ 사회의 유동성 격증: 급격한 경제발전, 교육, 기술의 보급 등으로 인하여 도시로의 대대적인 인구이동이 발생하고, 새로운 인텔리층의 등장으로 인하여 수평적·수직적인 사회유동이 일어난다. 그러나 과도한

도시집중으로 도시가 그들이 원하는 생활조건을 제공치 못함으로써 사회에는 욕구불만이 충만하고 새로 등장한 인텔리층이 산업계와 관료제에 수요를 능가하여 진출함으로써 반항 엘리트가 창조되어 사회의 과도한 사회유동으로 인한 혼란을 겪는다.

(4) 문화·사상적 환경

문화·사상적으로는 현대적 교육과 전통적 생활경험의 불일치, 전통적 규범과 현대적 규범의 중첩으로 인한 다규범 내지는 규범이 없는 상황이 나타나기도 하며, 합리성과 의식상의 혼재를 빚고 있다.

① **교육과 경험의 불일치:** 발전도상국의 교육은 대체로 서구적 사상(만인 평등사상, 개방사회, 합리성 추구, 준법정신 강조)을 답습하는데, 사회적 현실은 아직 전통적인 의식구조로 지배하기 때문에 교육과 현실의 불일치로 갈등이 발생한다.

② **무규범의 현상 발생:** 다규범이 지나쳐 무규범적 결과를 초래한다. 고도로 현대화된 생활규범을 받아들여 적용하고 있으면서도 전통적 규범이 작용하고 있어 상황과 개인적 편의에 따라 전통규범과 현대 규범의 적용이 발생하므로 결국 규범이 없는 것과 같은 현상을 초래한다.

③ **합리성과 의식성의 혼재:** 합리성도 의식성도 아닌 독특한 생활태도를 보인다. 목적과 수단의 관계나 사회의 실생활에 있어서 합리주의가 강조되면서도 합리주의에 잘 적응하지 못한다. 선진국의 합리성을 이해하지 못한 채 모방하려 하면서 낡은 의식성을 재생해 나가고 있다.

(5) 행정과정

① **개념:** 행정과정이란 행정목표를 달성하는 과정을 말한다. 이 과정은 합리성을 바탕으로 모든 행정활동의 기능이 서로 연계를 이루며, 각 단계가 순환과정으로 이루어진다.

② **전통적 관점의 행정과정:** 입법국가시대의 행정과정을 말한다. 정치행정

이원론이 지배적인 행정과정으로서 환경의 영향을 고려하지 않은 내부지향적 행정과정이다(Gulick의 POSDCoRB — 최고관리자 기능). 이때 행정과정의 단계는 계획, 조직화, 실시, 통제의 과정으로 이루어졌다.
③ 발전 지향적 행정과정: 국가목표달성과 변동대응능력에 주안점을 둔 발전 행정론적 행정과정이다. 각 단계는 ㉠ 목표설정 ㉡ 정책결정 ㉢ 계획 ㉣ 조직화(조직구성과 자원의 동원 및 배분) ㉤ 동기부여(동작화) ㉥ 평가 및 통제 ㉦ 환류 및 시정의 과정을 거친다.

06 행정문화

1. 의의

문화란 각 조직이 갖는 특수성을 말하는 것으로서 행정문화란 행정조직과 관료의 가치관, 신념, 태도, 사물에 대한 인식체계, 행동양식 등을 말한다. 또한 제도보다는 제약적인 면에서 약하지만 유·무형적인 공무원들의 행동의 틀로서 작용한다고 본다. 행정문화는 전체 사회문화의 부분으로 존재하며, 환경과 상호작용하면서 변화가 가능하지만 그 속도는 매우 느리며 쉽지 않은 특성도 있다. 이를 바꾸려면 개혁차원에서 변화를 추구해야 하며 쉬운 일은 절대 아니다. 역사적 신제도주의적 관점에서와 같이 역사의 과정과 함께 문화는 생성·소멸되며, 오랜 시간 속에 조직 내에 내재되어 온 일종의 창조물이라 말할 수 있다. 따라서 문화도 지속성과 경로의존성의 특성을 띤다고 할 수 있다.

2. 행정문화의 내용

(1) 선진국의 행정문화

① 합리주의: 주관의 객관화 추구로서 모든 객관적인 지식을 동원해서 최적(best)의 정책결정을 추구하려는 인식과 태도의 성향을 말한다. 감정이나 편견이 정책결정에 영향을 미치지 않게 하며 자유스러운 의견의 개진과 발표로 보편성을 추구하는 것을 합리주의라 할 수 있다.

② 전문주의: 전문지식과 자격을 중시하는 문화로서 전문지식을 갖춘 직업 관료를 중시하며, 미국공직운영의 직위분류제적 요소가 강조된다. 후진국의 일반주의와 반대되는 개념이다.

③ 성취주의: 인간능력의 평가기준과 채용, 승진, 전보 등이 출신성분과 종교·출신지역 등의 요소에 의해 이루어지지 않고 자격과 실적 등의 객관적 요소로 이루어지는 것이다. 따라서 성취주의는 불공평을 방지할 수 있다.

④ 상대주의: 현실에 존재하는 어떠한 가치도 영원성과 불변성 및 고정성을 가지고 있지 않고 가치나 관계에 있어서 상대적이고 변할 수 있다는 것이다(탈교조주의라고도 함, 점증주의적 정책결정과정을 거치며, 변화에 대한 강한 적응력 소유).

⑤ 모험주의: 현재보다 나은 미래추구를 위한 시도정신이라 할 수 있다. 시행착오는 발전이나 개선의 기본전제로 인식하므로 이에 대한 두려움도 갖지 않으며 책임을 지려 하지 않는다.

⑥ 사실정향주의: 가치판단은 반드시 사실을 바탕으로 한다. 그러므로 정책결정에서도 객관적인 사실을 바탕으로 하지 않는다면 좋은 의견일지라도 인정하기 어렵다는 것이다.

⑦ 중립주의: 행정은 사실을 추구하고 가치의 집행 영역을 담당하는 기관이지 가치를 창출하는 기관이 아니며, 근본특성인 과학성·합리성·도구성·관리성·수단성을 강하게 띠기 때문에 정치 영역에 개입하지

도 않으며 간섭을 받지도 않겠다는 것이다.

(2) 발전도상국의 행정문화

① 권위주의: 상하 간 수직적인 관계를 중심으로 지배와 복종의 관계를 강조하는 문화이다. 권위주의적 사회는 권한의 집권성과 관의 민에 대한 책임의식이 약하며 관료주의화, 특권집단의식이 팽배하다.

② 가족주의: 행정의 공적 관계보다는 가족적 의식구조가 지배적으로 작용하며 공사의 구별이 어려워진다.

③ 연고주의: 혈연·지연·학연 등의 특수한 관계를 강조하여 사회 또는 조직이 운영된다. 이러한 문화는 조직 내 인사행정상의 갈등을 일으킨다.

④ 형식주의: 내용이나 실리보다는 형식과 절차, 선례에 집착하는 성향으로 의식주의라고도 한다. 형식주의가 팽배하면 실질적 책임보다는 법적 책임이 강조되고 이중 구조적 특성을 보이며 변화에 대한 저항이 크다.

⑤ 온정주의: 인간관계를 공적인 사무관계나 이해타산의 관계로 인식하지 않고 정을 바탕으로 유대관계를 유지하는 문화로 정적 인간주의라고도 한다.

⑥ 운명주의: 성공(결과)의 여부는 인간의 노력에 의한 것이 아니라 초자연적·신비적인 힘에 의해 결정된다고 보는 인식이다. 즉 승진이나 기타 결과는 자기의 능력과 노력이 아니라 운에 따라 달라지므로 결과에 대해 책임회피 성향을 나타내기 쉽다(관운주의).

⑦ 일반주의: 세상 모든 것은 일반적인 상식적인 수준에서 다 이해되고 해결될 수 있다고 생각하여 혼자 다 할 수 있다는 인식으로 권한위임도 잘 일어나지 않는다. 직업적 전문주의 형성에 역행하며, 행정의 전문화를 기대하기 어려운 문화. 선진국 문화인 전문주의와 반대되는 개념이다.

⑧ 관직이권주의: 관직에 대한 윤리의식 부족으로 관직을 통하여 출세와 이권을 차지하려는 의식이 팽배한 행정문화이다.

(3) 우리나라의 행정문화

① 법의 통치적 수단성: 법은 행정이 국민을 통치·지배하기 위한 수단으로서 잘못 인식되고 있다. 이러한 인식하에 행정은 법을 토대로 움직이는 조직이므로 관료주의화 내지 관료의 특권집단화 현상을 야기하는 요인이 된다.

② 계급성과 계층성 중심: 행정조직에서의 상하 계급위주의 운영은 인사행정의 문화로 자리 잡았다. 조직운영방식은 계층의식·서열의식이 매우 강하게 작용하고 있는 유교문화이다.

③ 청빈의 강조: 유교문화의 영향으로 관리에 대한 청렴결백을 강조하면서 윤리적 측면을 강화하였다.

④ 정중립주의: 희로애락의 감정에 있어서 중립적이어야 하며, 공적인 것에 대한 처리에서 감정과 편견에 치우쳐서는 안 된다는 것을 강조하고 있다.

⑤ 관료주의적 지배성향: 조선시대의 관존민비 사고방식에 기인한 문화유산으로서 관료의 국민에 대한 지배의식을 말한다. 즉 관료의 특권집단화 의식의 강화로 나타나는 현상이기도 하다.

⑥ 권위주의: 상하 간의 관계규정을 수직적인 관계로 보고 지배·복종의 관계를 강조하는 문화이다. 이는 구성원의 참여를 저해하고 의사결정에서의 집권화로 대내민주성 증진에 문제가 되고 있다.

⑦ 형식주의: 결과나 실질적 측면보다는 의식·형식·격식을 중시하는 주의를 말하며, 형식주의가 강조되면 법규만능주의의 만연으로 관료의 적극성과 재량성이 제약을 받아 국민의 서비스 업무가 위축받을 수 있다. 이 형식주의는 눈가림 행정, 눈치행정으로 확대하게 된다.

⑧ 할거주의: 지나친 전문화(분업화)로 타 부서에 대한 배려가 발생하지

않으며, 개인(부서)중심적 영역이 강해지면서 서로 조정을 어렵게 한다. 국민에 대한 할거주의는 관료주의화와 관료의 특권집단의식화로 발생한다.

⑨ 가족주의: 사적인 유대관계를 중심으로 공적관계를 유지하는 문화를 말한다. 이러한 문화는 공·사의 구분이 어려워진다. 정적이고 인간적인 가치로 모든 것을 판단하고 공적관계를 규정짓게 된다.

⑩ 연고주의: 혈연·지연·학연 등의 1차적 요인을 강조하는 것을 말한다.

⑪ 운명주의: 모든 결과를 자신이나 인간 이외의 초자연적인 힘이나 신비적인 힘, 즉 본래적 운명에 의해 결정될 것이라고 믿는다.

⑫ 비물질주의: 물질적인 것보다는 정신적 가치를 중시하는 주의로서 청빈사상과 맥을 같이 한다. 지나친 비물질주의의 강조는 경제발전·과학발전의 저해요인이 될 수 있다.

⑬ 무사안일주의: 관료는 법에 맞는 행정만 하고 법에 어긋나면 국민의 편익이 손상되더라도 추진하지 않으려 하는 문화이다. 즉 규정에 없지만 국민의 이익이 보장된다면 재량성을 바탕으로 적극적인 행정을 추구해야 한다. 하지만 지나친 적극성은 문제를 발생시켜 책임지려는 것을 회피하고 아무 일이 없기만을 바라는 인식에서 행정은 소극적이고 경직적·폐쇄적인 성향을 보이게 된다.

07 현대 행정의 특징

1. 의의

(1) 개념

현대 행정이란 19세기 중후반부터 20세기 현재까지 행정을 의미한다. 시장 메커니즘에 의해 자유무역이 활발한 시대를 거쳐 시장실패를 경험한 국가가 시장에 적극 개입하면서 규모와 기능, 권한의 양적·질적 확대를 가져오면서 케인즈적 거대복지국가를 탄생하면서 현대 행정의 개념이 나타났다고 볼 수 있다. 지금까지 적극적 국가, 거대행정국가, 행정부 우위의 현상 등이 지배적인 가운데 정부실패를 경험하면서 오늘날의 현대행정은 작고 효율적인 정부, 경쟁력 있는 정부, 국민을 위한, 국민이 중심이 되는 행정으로 거듭나고 있다.

2. 현대 행정(국가)의 특징 변화

(1) 양적·구조적 측면

① 행정의 기능과 권한의 증대: 시장실패 이후 시장실패를 해결하기 위해 민간부문에 행정이 적극적으로 개입하면서 행정의 기능과 권한은 증대될 수밖에 없었다. 단순한 입법국가, 야경국가에서 현대행정은 민간 경제활동에 대한 지도와 규제가 요청되었으며, 사회복지국가의 실현, 경제·주택·교통 및 환경문제·지역 및 도시개발 등에 대해 정부가 주도적 역할을 담당하게 되면서 행정의 기능과 권한은 광범위하게 증대되어 왔다.

② 행정조직 규모의 비대화: 행정의 기능과 권한의 증대는 자연적으로 업무의 종류와 양이 증가하면서 부서의 신설이 필요함으로써 조직은 대규모로 점점 비대해지는 결과를 가져왔다(미국은 독립 후 3개성에서 15개성으로, 일본은 명치시대에는 9개성으로 시작되어 오늘날 1부 12성, 한국은 1948년 정부수립 후 12부 4처에서 지금은 18부 4처 16청으로 늘어났으며, 일선기관의 팽창도 현저하다).

③ 공무원 수의 증가: 조직의 대규모화는 자연적으로 공무원의 수를 증가시키기 마련이며 서로 비례관계를 가지고 있다(파킨슨의 법칙: 업무의 증가에 관계없이 또는 업무량이 감소해도 부하의 수가 증가한다는 법칙 - 부하배증의 법칙과 업무배가의 법칙, 매년 5.75%씩 증가한다고 연구결과 발표).

④ 재정(예산)규모의 팽창: 행정의 기능과 권한확대는 조직의 거대화와 공무원 수의 증가를 초래하며, 이는 다시 행정의 예산의 규모를 결정해 준다고 볼 수 있다. 다양한 민간부문의 활동범위와 형태·상황변화로 인한 업무의 종류의 다양성과 양의 증가로 예산의 증가를 설명할 수도 있지만 행정예산의 반은 공무원의 인건비로 볼 수 있는데 공무원 수의 증가도 예산규모의 팽창을 의미하는 것이다.

⑤ 참모조직의 확대와 역할 증대: 참모는 계선의 정책결정에 정보제공과 조언 등을 하는 보좌기관이다. 행정규모의 확대와 보다 더 전문성을 요하는 업무의 확대로 전문성을 가지고 정책적으로 보좌하는 참모조직의 필요성 및 역할증대는 필연적이다.

⑥ 공기업의 역할 증대: 시장실패 이후 공공서비스 공급의 주체가 행정이 되었고, 양질의 저렴한 요금의 서비스를 제공하기 위해 공기업이 성립되었으나 지나친 공기업의 독점성이 문제로 지적되어 오늘날에 와서는 행정에 경영성과 경쟁성을 도입하면서 공기업의 민영화 추세로 나아가고 있다.

⑦ 제3섹터의 역할 증대: 제3섹터(The Third Sector)는 대표적으로 준정부조직을 의미하는데, 정부조직도 아니고 민간조직도 아닌 중간형태의

조직을 말한다. 즉 정부의 업무를 하면서도 민간조직의 이윤창출 기관은 아니라는 것이다. 이들은 정부의 자율성과 전문성을 바탕으로 공공부문의 임무를 수행하면서 정부의 기능을 강화시켜 주는데 현대 행정에서는 역할이 점점 증대되고 있다. 하지만 정부조직의 보완기능이지 정부조직보다 중요하다는 의미는 아니다. 준정부조직의 발생원인과 기능은 ㉠ 다양한 행정수요에 대한 대응 ㉡ 정부 관료의 서비스 제공기능 보완 ㉢ 정부조직 확대의 전초행위 ㉣ 정부 및 시장실패의 극복대안이지만 문제점으로는 공공조직이 아니므로 책임성이 부족하다.

(2) 질적·기능적 측면

① 행정의 전문화·기술화 증대: 사회문제와 행정수요(국민의 욕구 및 요구)가 복잡하고 다양해짐에 따라 행정사무의 전문성이 요구되었으며, 조직의 대규모화로 전문성과 기술을 바탕으로 운영하게 되었다. 또한 과학기술의 발달은 더욱 전문행정관료의 충원과 역할을 증대시키고 있다.

② 정책결정 및 기획의 중시: 행정은 바람직한 상태로의 사회변화를 추구(공공문제 해결 및 달성)하는 주체자이며, 적극자로 강조되면서 사회변화 추구수단인 정책과 기획기능에 대한 관심이 증가되었다. 또한 정책과 기획을 중시함에 따라 행정의 조정통합기능이 중시되었다.

③ 동태적 조직의 필요성: 전통적 관료제·계층적·집권적인 경직된 조직으로서는 다양한 행정수요와 환경변화에 따른 대응성·신속성·생존성·효율성의 문제가 나타나게 되었다. 이러한 한계를 극복하기 위한 방안으로 후기 관료제적인 신축성 있는 새로운 조직의 필요성이 부각되고 있다(조직론에서 자세히 후술하겠지만 기본개념을 이해하기 위한 예로 각종 팀제 도입, 정부의 각종 위원회 조직, 이라크 파병의 자이툰 부대, 기업의 신제품개발 팀, 프로젝트 팀 등을 말하며, 신축성

도모를 위해 임시적인 성격을 가진 조직의 동태적 운영을 강조하고
있다).

④ 컴퓨터 및 관리과학 활용: 정보화시대 도래에 따른 의사결정방식의 변
화, 자료처리, 문제해결방식 등 정책의 분야에 컴퓨터가 도입되면서
관리과학이 적극 활용되고 있다.

⑤ 계량화·정보화: 복잡한 행정환경을 정확하게 파악하여 효율적으로 대
응하기 위해 계량적·통계적 조사활동을 필요로 한다.

⑥ 신중앙집권화: 지방고유사무를 중앙정부로 흡수한다든가 지방정부에
대한 중앙정부의 통제를 강화하는 모습으로 신중앙집권화 현상이 보
편적으로 나타나고 있다. 하지만 중앙과 지방정부 간의 관계는 비권
력적, 기능적, 기술적 협조관계를 특징으로 하고 있다.

⑦ 행정의 광역화 추세: 교통·통신의 발달과 더불어 생활권·경제권의 확대
는 경제성과 효율성 측면 등에서 지방정부의 경계를 초월하여 업무가 수
행되어야 할 경우가 많이 발생함으로써 몇 개의 지방자치단체를 통합하는
광역행정이 늘어나고 있는 추세도 현대행정에서 찾아볼 수 있는 특징 중
의 하나이다(전국의 도를 통·폐합하여 20여 개의 광역시로 조정하자는
논의 활발 - 2005년도 국회쟁점화).

⑧ 예산의 효율적 운영: 예산도 전통적 관료제의 투입중심의 예산운영에서
성과와 기획을 중시하는 예산운영을 강조하고 있다. PPBS(계획예산),
MBO(목표관리), ZBB(영기준예산) 등의 적용을 그 예로 들 수 있다.

⑨ 행정책임과 통제 중시: 행정 국가화되면서 기능과 권한의 확대는 관료
주의화와 특권집단의식화가 초래된 반면 국민과 정부의 정보의 비대
칭성, 국민에 대한 군림 등으로 민주통제가 더욱 어려워짐으로써 행
정책임과 통제의 필요성이 더욱 증대되었다.

⑩ 행정평가제도 적용: 전통적 관료제의 투입중심의 행정활동에서 공공정
책의 목표 달성도, 정책의 효과성과 효율성을 평가하여 정책의 실효
성과 조직의 신뢰성에 비중을 두는 경향을 나타낸다.

3. 신자유주의와 신공공관리론, 거버넌스

(1) 신자유주의의 개념

① 신자유주의란 케인즈안 이후 탄생하여 유럽 좌파에 이어 지지되어 오던 복지국가사상이 비효율적, 저성장, 고실업, 도덕적 해이 등의 한계에 대한 대안으로 모색된 것으로 90년대 유럽 우파정권의 통치노선이다.
② 유럽 우파정권이 추진한 통치철학이 미국 레이건 행정부의 신연방주의와 함께 신자유주의의 기반이 되었다.

(2) 발전

① 1990년대 집권한 유럽의 좌파정권들이 우파정권의 신자유주의 정책을 표방하는 제3의 길이 나타났다.
② 거버넌스에서 시장의 논리를 강조하는 것은 신자유주의적 특성과 맥락을 같이하며, 정부개혁을 추구하는 신공공관리론의 이론적 기반이 되었다.

(3) 공공관리적 거버넌스의 특성

① 국가와 시민사회의 존재가치에 의한 보다 명확한 설명을 가능케 한다.
② 전통적 행정과는 다른 윤리적 제도화를 추구하며 개혁성과 민주성이 강조된다.
③ 정부 및 시장실패를 동시에 극복한다.
④ 정책집행 이전에 사업의 타당성 평가를 중시: 정부의 정책결정과 집행의 주체를 정부독점에서 중앙정부와 지방자치단체, 시민단체, 준정부조직, 자발적 조직 등 다양한 시민사회의 참여를 바탕으로 한 네트워크를 중시한다.
⑤ 정치와 행정의 정체성을 모호하게 한다.

NGO(비정부조직)

1. 개념 및 특징

시장실패와 정부실패에 대한 대안으로서 성립되었으며, **자발적 공식조직, 영속조직, 사적 조직, 비영리민간단체로서** 공익성, 연대성, 공식성, 자율성, 국제성의 특성을 띠며, 공적 조직은 아닌 민간단체이다.

2. NGO의 기능

(1) **민주성 측면**

① 정부정책 및 활동에 대한 견제와 통제, 감독 기능

② 사회적 합의(여론의 공유) 형성

③ 시민참여의 활성화 및 민주적 제도 발전에 기여

④ NGO의 영향으로 행정의 대응성 도모 및 증진

⑤ 비정부조직의 의견수렴으로 정부의 신뢰 증진

(2) **효율성 측면**

① 정책의 공개, 참여로 정책의 합리성 및 효율성 도모

② 정책갈등의 감소로 외부집행비용의 감소 기대

③ 정부의 공공재화 및 서비스 공급기능의 한계 보완 빛 대제기능

(여성 및 아동성범죄 방지를 위한 지역주민자치회 활동 등 사회안전망 구축, 자연 및 환경보호 등)

3. NGO의 한계 및 문제점

(1) 책임성과 대표성의 한계 노정

(2) 각종 단체의 다양한 의견투입으로 정부정책의 비일관성과 이에 따른 조정비용 및 외부집행비용의 증가

(3) 정부활동에 대한 지나친 간섭으로 인한 행정의 전문성 및 능률성 저하

(4) 정책담합 등으로 정책의 딜레마 초래 우려

(5) 관변 NGO로의 전락 가능성(대안으로 「비영리민간단체지원법」 제정)

(6) 재정과 책임성 및 전문성 부족, 의사결정구조의 폐쇄성, 일반 시민참여율 저조(명망가 중심의 운동)

준정부조직

1. 개념 및 특징

① 공공부문과 민간부문의 중간 형태로서 원칙적으로 공공기능을 수행한다.

② 법적으로는 정부로부터 독립된 민간부문에 속한다.

③ 제1섹터는 공공부문, 제2섹터는 민간부문, 제3섹터가 준정부조직이다(제4섹터는 자원봉사단체로서 서비스의 공동생산의 주체를 의미).

2. 유용성

① 자율성·신축성으로 관료제의 한계를 극복한다.

② 봉사행정 및 지원행정기능을 강화시킨다.

③ 민간부문의 경영 전문성을 활용할 수 있다.

3. 문제점

① 행정부의 통제 상존

② 정치적 책임확보 곤란

③ 행정조직의 팽창 수단화로 작용
④ 준정부조직에 책임전가로 정부의 책임회피수단으로 전락 가능성
4. **종 류**: 국민체육진흥공단, 문예진흥원, 중소기업진흥공단, 의료보험관리공단, 공무원연금관리공단, 금융감독원, 도로교통안전협회, 국제문화교류협회, 공사형 공기업 등
5. NGO는 자발적인 비영리집단으로서 넓은 의미에서 제3섹터에 속하며, 정부실패를 보완해 주고, 정부와 시장에 대한 지지자가 아닌 견제자로서 기능한다.
6. **제3섹터의 정의**
  (1) **Etzioni**: 제3섹터란 정부부문도 민간부문도 아닌 것으로서 민간기업과 정부부문의 혼합으로 생겨난 것도 있지만 자원적 조직과 비영리기관의 형태를 지니는 것도 있다고 하고 있다.
  (2) **Levitt**: 제3섹터란 민간 기업이나 정부부문이 수행하지 않는 사업, 제대로 수행하지 못하는 사업, 빈번하게 수행하지 않는 사업 등을 담당하는 조직들이라 하고 제3섹터는 목적·자원봉건주의·운영스타일에 있어서 정부부문이나 민간기업과 다른 특징을 지닌다고 주장하고 있다.
  (3) 일본에서도 제3섹터란 정부부문이나 민간부문에서 독립한 존재로서의 민간비영리부문을 지칭한다는 주장이 없는 것은 아니나 「공공부문과 민간부문이 공동으로 출자한 사업의 경영형태」라는 정의가 널리 사용되고 있다.
  ※ 제4섹타는 서비스의 공동생산사회의 뉴거버넌스에서의 자원봉사단체를 말한다.

(4) 부패문제에 관한 거버넌스적 인식

① 거버넌스에서는 행정부패를 관리방식의 문제가 아닌 정부－사회 간 구조와 맥락의 문제로 본다.

② 행정부패는 정부주도적인 통치체제의 구조적 문제이므로 이를 참여적인 거버넌스 체제로 전환함으로써 부패를 크게 줄일 수 있다.

③ 거버넌스는 국정운영의 기조 전체를 참여와 균형의 네트워크 속에 넣음으로써 부패문제를 해결하려고 한다.

④ 자율성을 바탕으로 내부통제를 완화하지만 외부통제보다는 내부통제를 중시한다.

(5) 제3의 길: 유럽 좌파정권이 우파의 시장 중심적 개혁을 수용하여 새로운 길을 모색하는 주장을 말한다.

(6) 뉴라이트와 뉴레프트(우리나라의 정치적 견해 차이)

① **뉴라이트:** 정부보다 시장기능을 더 중시하는 사상으로서 시장에의 정부개입을 부정한다. 우파(보수주의, 자본주의, 서구민주주의)의 논거를 기반으로 하고 있다.
② **뉴레프트:** 시장기능보다 정부의 입장을 더 강조하는 사조로써 사회적 형평성 달성 등을 위해 정부의 역할을 중시한다. 좌파(진보주의, 사회주의)에서 발전한 사조이지만 이들은 공산주의가 아니라 현 정부의 정책에 대해 비판과 발전을 추구한다.

4. 신자유주의적 현대 행정의 특징

1970년대 말 이후 과도한 정부의 시장개입과 규제, 각종 정책실패가 발생하면서 거대 행정국가는 존립의 위기를 맞게 되었다. 이러한 측면에서 초기 현대 행정에서는 복리국가주의를 표방하여 왔으나 지나친 예산투입으로 인한 정부의 부담은 케인즈학파의 거대복지국가를 탈피하여 시장경제를 지향하는 신자유주의를 표방하기에 이르렀다. 주요 개념은 탈관료제를 중심으로 고객(국민) 중심적 행정의 지향과 공공부문(행정조직)에 시장의 원리와 경쟁의 원리를 도입하여 지나친 공공성을 축소하고 기업가적 행정의 역할을 강조하는 새로운 패러다임이라고 할 수 있다. 신자유주의의 영향을 받아 행정개혁 차원의 이론이며, 신공공관리론적 행정조직의 목표달성을 위하여 공무원의 행태(이념, 가치관, 태도 등) 등의 변화를 추구한 조직발전(OD: Organization Development) 기법을 적용한다. 이때 조직은 변혁적 리더십으로 관리된다. 신자유주의적 행정의 특징(신공공관리론)은 다음과 같다.

① 작고 효율적인 정부 지향
② 큰 시장 지향
③ 복지국가의 축소 및 퇴조

④ 지방분권화

⑤ 공공부문에의 시장과 경쟁의 원리 적용

⑥ 고객위주의 행정

⑦ 노젓기에서 방향 잡기로의 역할전환

⑧ 성과·산출·결과 지향적 행정활동 추구

⑨ 노동의 유연성 확보

⑩ 조직 내의 분권화와 통제완화

⑪ 공기업의 민영화

⑫ 기업가적 행정

▶▶ 알고가기

1. Osborne과 Gaebler의 10대 정부재창조 방안
   ① 촉매정부　　　② 시장 중심적 정부　　　③ 시민소유의 정부
   ④ 경쟁적 정부　　　⑤ 임무 지향적 정부　　　⑥ 결과(성과)지향적 정부
   ⑦ 고객 위주의 정부⑧ 기업가적 정부　　　⑨ 예견적 정부
   ⑩ 분권적 정부
2. Osborne과 Plastrik의 기업가적 정부개혁의 전략(5C 또는 DNA 전략)
   ① 핵심전략: 목적, 역할 및 방향의 명확성
   ② 성과전략: 경쟁, 기업 및 성과관리
   ③ 고객전략: 고객의 선택, 경쟁적 선택, 고객품질 확보
   ④ 통제전략: 조직과 공무원 및 지역사회에 권한 이양(empowerment)
   ⑤ 문화전략: 관습타파, 감동정신, 승리정신

08 정보화 사회와 현대 행정

1. 정보화 사회의 개념

현대 행정은 세계화, 지방화, 민주화, 정보화라는 환경변화에 따라 행정기
능의 재정립과 함께 전반적인 행정개혁이 요구되고 있다. 특히 세계사가 농
업사회에서 산업사회로 그리고 정보화 사회로 전이되고 있는데 정보화가

미치는 영향의 범위는 산업화에 비해 훨씬 광범위하고 크다고 평가된다. 이에 정보화를 촉진함에 있어 정부의 역할은 무엇인지, 정보화가 행정에 미치는 영향은 무엇인지, 정보화에 따른 사회의 병리를 해소하기 위한 행정의 역할이 무엇인지를 고찰하는 것이 필요하다.

2. 정보화 사회의 특징

(1) Prosumer(Producer+Consumer)의 탄생: 정보화 사회에서는 소비자와 생산자가 분리되지 않고 소비자도 직접 정보의 생산과 공급이 가능한 복합미분리 현상이 나타났다.

(2) 기술 관료제(technocracy)의 성립: 기계적 관료에서 전문지식과 기술을 바탕으로 한 기술 관료가 성립되었다. 기술 관료제란 정책결정의 중심세력이 해당 전문기술과 지식을 가진 관료들에게 있는 체제를 말한다. 따라서 의사결정도 집권화에서 분권화로 조직체제가 변화하게 되며 기술 관료들의 우대현상이 더욱 심화된다.

(3) 개방화·세계화: 경제뿐만 아니라 모든 영역에서 국가 간의 개방화와 세계화는 필연적으로 나타난다. 인터넷과 같은 지식정보망은 공간적·시간적 거리의 축소와 함께 모든 정보가 공유되기 때문에, 정보 공유를 통한 이익의 극대화를 추구할 수 있기 때문에 개방화와 세계화의 중요성은 더욱 높아졌다.

(4) 다품종 소량생산 체제: 소비자의 다양성이 심화되면서 소품종 대량생산체제에서 다품종 소량 생산으로 변화한다. 즉 소비자의 욕구주기가 짧기 때문에 소비자를 만족시키기 위해 적은 양의 다양성 있는 상품을 지속적으로 변화시켜 공급해야 한다.

(5) 조직개편 요구: 업무의 전산화로 인한 조직개편과 계층의 수평적 분화와 하위층의 축소가 발생한다(피라미드 조직모형에서 마름모꼴형으로 변화).

(6) 집권화의 심화: 정보의 수집과 분석이 정보화로 용이해짐에 따라 상부 층에 대한 정보 집중으로 집권화의 심화를 초래하고 있으며, 막료의 역할이 더욱 중시된다.

(7) 직접민주주의의 확산: 관료와 시민 간의 거리는 정보화로 축소되면서 대의정치에서 참여를 바탕으로 한 직접민주주의의 확산을 가져온다 (teledemocracy).

(8) 정보의 그레샴 현상: 기존의 정보나 자료 활용에 익숙해져 있어 새로운 정보나 자료는 사용하지 않는 현상을 말한다.

(9) 정보화에 따른 역기능: 정보의 편리함도 있지만 정보의 누출이 발생하면 그 정보는 급속도로 확산될 수 있기 때문에 사생활의 침해가 심각하며, 다른 사람의 정보를 악용할 수 있다. 또한 익명성의 정보로 인해 인간미나 책임성을 갖기 어려워지면서 인간관계의 문제와 존엄성의 상실을 초래할 수 있다.

(10) 신중앙집권화: 통신기술의 발달은 중앙정부와 지방정부의 지역 간의 괴리를 해소시켜 주기 때문이다.

(11) 유비쿼터스 출현과 확산 촉진: 정보화 사회는 단순한 정보능력, 자료축적, 편리성 등을 넘어 모든 기능이 유비쿼터스의 개념에 통합되고, 행정조직의 목표와 기능, 행정서비스의 수준을 완벽하게 할 것이다.

3. 정보화에 따른 행정과정의 변화

(1) 행정수요의 변화

정보화가 행정에 도입됨에 따라 행정에 대한 수요가 다양해지고 업무는 전문성을 중심으로 이루어지며, 국민의 요구에 신속한 대응력이 필요로 하게 되었다. 이에 따라 행정의 기능과 업무수행 패턴이 전면적으로 변화할 수밖에 없으며, 관료 또한 변화에 적응하는 전문직업 능력이 요구된다. 컴퓨터의 도입과 확대는 정보공개와 더불어 국민과의 접촉이 많은 직접행정을 추진하게 되었다. 이러한 정보화에 의한 변화는 행정조직이 더 이상 관료제와 같은 거대한 조직과 경직된 기능으로서는 국민의 신뢰를 받지 못하며 환경변화에 적응할 수 없기 때문에 기능적 변화는 당연한 추세이다.

(2) 기능적 변화

환경의 급속한 변화는 행정목표의 다원화를 가져왔으며, 작고 효율적인 정부구축 요구를 피할 수 없게 되었다. 국민의 편리행정을 위해 각종 민원업무와 정보공개요구는 행정조직의 질적인 변화를 추구하게 되었다. 또한 업무의 양적 증대와 전문성으로 관료의 기능은 기계적 관료제에서 기술 관료제로의 변화와 기술적 관료가 우대받게 되었다. 정책과 예산결정도 전문지식을 가진 관료를 중심으로 정보화의 지식을 적극 적용하는 기술 관료의 필요성이 증대되었다.

(3) 구성원의 인식변화

정보화 초기의 행정 관료는 정보화에 대한 저항이 심했다. 정보화의 확산은 더 이상 과거의 업무방식과 사고로는 국민을 위한 보다 나은 서비스 개선을 추구할 수 없기 때문에 정보화의 지식을 활용해야 한다. 그러나 국민의 알 권리인 정보공개뿐만 아니라 사회에 정보화가 보편화됨에 따라 관료들의 인식이 급속도로 변화하면서 정보화 활용범위와 정도가 수준급이 되었다.

정보화책임관(CIO)의 역할

(1) **개념**: 최고정보관리책임자(Chief Information Officer)는 정보기술 및 정보시스템을 조직전체의 운영시스템과 총체적인 결합과 조화를 일구어 내야 할 역할을 담당하는 새로운 막료로서 이러한 직책은 기획관리실장이나 부기관장이 주로 맡는다.

(2) **역할 및 기능**
① 정보화책임관은 조직의 전략을 고려한 정보기술전략을 수립한다.
② 정보화책임관은 정보기술 인프라를 구축·관리한다.
③ 정보화책임관은 최종사용자와 정보시스템 관리부서 간의 갈등을 관리한다.
④ 정보화책임관은 전략적 관점에서 정보시스템의 주요 성공요소를 도출하고, 이에 따라 응용시스템 개발의 우선순위를 설정한다.
⑤ 경영진과 각 사업부서, 전산부서의 모든 요구를 총체적으로 만족시킬 새로운 비전과 전략을 제시하는 역할을 수행해야 한다.
⑥ CIO는 무엇보다도 정보기술에 대한 고도의 기술적 전문성을 갖추어야 하고, 조직경영전반에 대한 체계적인 이해와 안목을 갖추어야 한다.
⑦ 정보화시대의 필수적인 막료기관으로서 '강력한 지도력, 높은 지위와 그에 수반된 권위' 보다는 정보기술에 관련된 고도의 기술적 전문성을 바탕으로 다양한 정보관련 부서와 조직전반의 업무를 총괄·조정한다.

4. 지식정보화 사회의 도래

(1) 지식정보화 사회의 개념

① 과거의 노동, 자본 등에서 정보나 지식이 가장 중요한 자원으로 활용되는 사회를 말한다.
② 인간의 두뇌가 조직이나 체제를 움직이는 사회로서 지식정부를 구축한다.
③ 지식의 유형은 암묵지와 형식지로 구분된다.

(2) 전략자원으로서 지식의 중요성

① 정보화 사회에서는 단순히 정보의 생산, 저장, 활용에 그치지만 지식정보화 사회에서는 지식의 창출·공유·활용 등을 통해 조직의 효과성 증진을 위한 시너지 효과를 생각한다.

② 조직 내 과정과 관행에 체화된 전문지식의 가치에 대한 인식을 증대
시킨다.
③ 지식정부의 대두와 조직의 학습조직화에 기여한다.

(3) 지식정보화 사회에서의 지식유형

① 암묵지의 개념
   ㉠ 학습의 과정에서 일정한 형식과 절차 없이 또는 언어로 표현하기
   용이하지 않은 상태에서 얻어지는 주관적, 신체적인 지식이며, 경
   험과 반복에 의해 지식은 더욱 구체화되고 발전한다.
   ㉡ 개인의 사고습관과 행동경향이므로 타인에 전달되는 지식이 아니다.
② 형식지의 개념: 문장이나 말로 표현이 가능한 지식으로서 타인에게 습
   득시켜 줄 수도 있는 객관적·이성적인 지식을 말한다.
③ 지식순환(지적순환)의 과정: 외재화(산출화) - 내재화(내면화) - 사회화(공
   동화) - 연결화
④ 학습공동체의 개념
   ㉠ 학습행위를 개인적 활동의 차원이 아닌 조직에서 학습자들 간의 관
   계형성을 중심으로 집단적이고 공동체적인 활동으로 파악하는 것
   ㉡ 학습공동체에서 일정한 절차나 의도적으로 이루어지지 않고 비형
   식, 무형식적으로 이루어지는 학습은 일반적인 대부분의 사람들의
   일상생활 자체가 학습의 장이 된다.
   ㉢ 암묵지를 형성하는 기제 내용: 대화, 학습, 체험, 노하우, 관찰, 모방,
   어깨너머로 배우기 등 체화된 지식

(4) 지식관리(Knowledge Management)

① 지식관리의 의의: 지식관리(Knowledge Management)는 조직에 내재되어
   있는 지식을 공유·확산시키고 새로운 지식을 창조함으로써 행정조직
   의 역량과 부가가치를 제고하는 활동이다.

ㄱ 지식에는 암묵지(tacit knowledge)와 형식지(explicit knowledge)가 있
   는데 전자는 조직구성원 개인에게 내재되어 있는 지식을 말하고,
   형식지는 외부로 표현되고 공식화되어 있는 지식을 말한다.
ㄴ 지식관리는 숨어 있는 암묵지를 형식지로 표출화시켜 조직이 활용
   할 수 있는 지식으로 만들어 주고, 형식지와 형식지는 상호교환·
   연결하여 지식의 시너지효과를 만들어 내며, 새로운 암묵지를 끊
   임없이 만들어 내는 지식창조활동에 있다.
ㄷ 이러한 지식활동을 지원해 주기 위한 컴퓨터에 기반을 둔 시스템
   을 지식관리시스템(KMS: Knowledge Management System)이라고
   하며, KMS는 조직의 지식을 입력, 저장, 축적, 활용할 수 있게 도
   와주는 시스템이다.
② 지식관리의 중요성: 지식의 한계는 조직의 지속가능성(sustainability)을
   불가능하게 하는 요인이 되는데, 지식의 끊임없는 창출과 조직학습을
   통하여 새로운 부가가치를 창출하지 못하면 생존성에 위협을 받게 된
   다. 정부의 경우에도 복잡한 정책문제의 해결, 새로운 행정서비스의
   창출, 국가의 경쟁력 제고를 위해서는 새로운 지식의 창출이 필수적
   이다. 특히 행정혁신을 위한 정부조직의 재창조를 위하여서는 조직에
   내재화된 지식의 표출, 공유, 확산 및 활용과 새로운 지식으로의 변
   형·진화 및 창출이 효과적인 혁신조건이라고 할 것이다. 지식관리는
   지능적 행정, 지능적 정부의 구현을 위한 수단으로 정부의 문제해결
   능력, 미래예측능력, 성과역량을 높이는 중요한 조건이 될 수 있다.
③ 지식관리의 순환과정: 지식수요 파악→ 지식획득→ 지식창출→ 지식공
   유→ 지식저장→ 지식활용→ 지식폐기→ 새로운 지식수요

5. 지식정보화에서의 새로운 정부 모색: 지식정부

(1) 지식정부의 의의와 대두배경

① 지식정부란 정보화 사회가 도래 및 확대됨에 따라 정부 관료들이 관료조직에 필요한 지식을 보유, 활용, 학습, 공유, 인프라 확충 등을 통해 지식을 배양함과 동시에 지식을 기반으로 한 경제시스템과 문제해결능력을 보유하고, 정부 산업, 기업, 개인 등 개별주체가 능동적으로 지식을 창조, 활용하는 국가를 의미한다.

② 지식정부에서는 주체들의 지식활동이 유기적으로 상호 연계되어 지식이 창조, 활용, 학습, 축적, 공유되는 국가로서 축적된 지식이 풍부하고 지식활동을 지원하는 인프라 즉 제도, 가치, 문화가 정비되고 공동체를 지향하는 국가이다.

③ 지식정부의 대두배경은 정보통신의 발달과 디지털 사회의 도래에 따른 정부의 문제 해결 능력의 저하 극복과 국제경쟁력이 요구되는 국제사회에서 부가가치 창출능력의 중요성이 증대되어 더 한층 고도화된 정부의 변화가 필요로 하게 되었다. 이에 이명박 정부도 지식경제부를 신설하게 된 배경이라 할 수 있다.

(2) 지식정부의 특징

① 대내적 측면에서 국가의 문제해결능력, 미래예측능력, 성찰력 그리고 성과극대화 능력을 갖춘 정부이다, 지식정부는 지식, 정보의 관리와 이로 파생된 기술에 의존하여 국가문제해결 능력과 미래 예측 능력을 지니며 자기 성찰적 관점을 통해 평가결과를 인정하고 반성 및 시정을 통하여 지속적으로 피드백 함으로써 성과 능력을 극대화하는 특징을 지닌다.

② 대외적 측면에서는 환경변화에 대한 유연성, 역동성, 투명성, 연계성,

혁신을 추구하는 정부로서 시민에 대한 반응성을 강조하고 있다(24시간 열린 행정과 투명성: 민원전화 120). 또한 정부부처 간 기능적 연계와 목표달성을 위한 통합을 통해 행정기능을 수행하고 정보지식의 기술 혁신적 변화에 유연성과 부응하려고 노력하는 정부의 모습이다.

(3) 민간기업의 지식경영과 CKO(Chief Knowledge Officer)의 역할

민간 기업들은 2000년부터 급변하는 시장변화에 지식을 기업의 시장지배력과 기업의 생존전략으로 인식하게 되었다. 따라서 CIO에서 CKO(Chief Knowledge Officer)로의 역할이 변화되었다.

① CKO(Chief Knowledge Officer)는 지식경영과 관련된 일들의 전략적 우선순위를 결정한다. 전략적 우선순위의 가장 중요한 결정 기준은 조직의 임무나 비전에 대한 적합성이다. 그 다음 단계에는 단순한 지식축적과 지식공유를 추구할 것이냐 혹은 지식생성과 확대재생산에 보다 초점을 둘 것이냐에 따라 전략적 우선순위를 달리할 수 있다. 이때 어느 것에 초점을 두는가는 조직 규모나 목표, 특성에 따라 다르게 나타날 수도 있으며 또한 구성원의 가치관 등이 충분히 반영되어야 한다.

② 지식이 전략적으로 운영될 수 있도록 지식경영의 하부구조를 구축하는 것이다. 하부구조란 정보기술에 기반을 둔 기술적 구조로서 인적 하부구조를 중요시한다. 즉 다양한 기능 및 부서에서 축적된 지식을 조직의 목표달성에 적합하게 공유하고 활용하게 하는 메커니즘을 창출하는 것이다. 이러한 인적 하부 구조를 창출하는 것은 제일 중요하고 어렵지만 지식경영을 통한 고도화된 조직의 기능을 갖추려면 이러한 가치관, 문화 등이 미래 지향적인 조직문화로 정착하도록 CKO가 반드시 해결해야 할 임무이다.

③ 지식경영에 대한 CEO의 지속적인 지원의 유지가 확보되어야 한다. 이는 지식경영의 핵심 성공 요인인 동시에, CKO의 기능수행에 장애

요인을 극복하는 가장 효과적인 방법이다.

④ 끝으로 지식경영과 CEO의 역할이 성공적으로 이루어지기 위해서는 조직구서우언에 대한 합리적인 평가와 적합한 보상체계가 이루어져야 한다. 지식경영을 수행하기 위한 조직 내의 기능적 연계가 중요하므로 기획과 인사, 재무 등의 부서가 목표달성에 기능적 통합이 달성되어야 한다.

6. 지식을 중요시하는 조직: 학습조직

(1) 학습조직의 개념: 지식관리의 목적은 학습조직의 구축이며, 학습조직의 구축은 지식관리를 활성화시킬 수 있다. 그리고 학습조직은 실패를 되풀이하지 않으며 새로운 교훈을 끊임없이 배워 가는 조직이며, 새로운 정보와 지식을 업무에 적용함으로써 조직의 성장, 발전을 지속할 수 있는 조직이다.

(2) 학습조직의 필요성

① 반복적 오류 방지: 행정의 정책실패를 되풀이하는 것을 방지하기 위함이다.

② 행정환경에 적응: 새로운 지식, 기술, Know-how의 지속적 획득 필요

③ 지식정보의 중요성: 국가 및 정부의 경쟁력 제고 수단

(3) Senge의 학습조직의 구축모형: 5가지 실천원칙

① 공유비전(Shared Value): 조직이 추구하는 목표와 방향, 가치와 사명에 대하여 모든 조직 구성원 간의 공감대 형성이 필요하다. 이를 위해 조직구성원의 의견을 수렴하고 조율할 수 있는 참여적 문화형성이 중요함.

② 정신적 모델(Mental Model): 사물에 대한 종합적 인식이 강조된다. 선입견 배제, 준거 틀 및 마인드 세트의 성찰, 사고의 전환이 필요함.

③ 개인적 숙련(Personal Mastery): 자기개발훈련이 필요하다. 자기효
   능감에 입각한 개인의 능력 확대가 요구된다.
④ 팀 학습: 공동체의 역량 확대를 위한 지식, 관점, 의견의 상호교환
   이 필요하다. 대화와 토론의 장을 마련해야 한다.
⑤ 시스템적 사고: 전체를 볼 줄 아는 총체적 사고가 필요하다. 부분들
   사이의 인과관계, 역동적인 관계를 이해하면 능력이 획기적으로 향
   상된다.

행정의 역할과 현상

01 행정규제

1. 의의

(1) 행정규제의 개념

① 규제란 사회의 특정 집단 활동에 대해 경제적·물리적 제재를 통해서 특정 집단의 활동을 억제하는 정부의 행위로 정의된다. 다시 말해서 행정규제는 정부가 사회 전체의 공익을 추구하기 위해 개인이나 특정 집단의 사적 행위를 제한하는 공권력을 바탕으로 한 법적 행위를 말한다.

② 그러나 정부의 규제는 부정부패의 소지가 높은 정책이다. 따라서 우리나라는 규제법정주의를 채택하고 있으며, 사회 전체의 선을 추구하기 위해서는 경제적 규제는 완화하고 사회적 규제는 강화해야 한다는 논리가 성립된다.

③ 정부규제의 종류는 대상이 경제활동이 되면 경제규제가 되고, 소비자 보호활동과 관련되면 소비자 보호규제가 되며, 환경문제에 관련된 활동이 되면 환경규제가 된다.

(2) 행정규제의 정당성

① 시장실패 해결: 시장실패를 보정하기 위해 정부가 규제의 정당성을 확보했으며, 정부의 규제는 사회 전체의 이익을 달성하기 위한 행위로써 정부의 기능과 권한의 확대를 가져오는 것이 일반적 현상이다. 시장실패에 대한 자세한 설명은 시장실패와 정부실패에 대한 절에서 논의되겠지만, 공공재의 특성과 외부 효과, 시장의 불완전성 등과 같은 요인에 의해 시장의 원리가 작동되지 않아 발생하는 실제 시장을 포함한 포괄적인 각종 사회질서의 교란으로 인식하면 무방하다.

② 배분적 형평의 문제: 시장기능이 잘 작동되어 최적의 자원배분이 이루어지더라도 사회적 형평이라는 측면에서 볼 때, 그 자원배분은 합리적이고 바람직하다고 장담할 수 없다. 여기서 배분의 형평성은 공정하지 못한 소득배분이 발생하지 않도록 정부의 규제가 요구되는 것이다.

2. 행정규제에 미치는 문화적 요인

① 가족주의: 행정행태에서 가족 등 친척관계에 있는 대상에게 특혜를 주는 것을 말한다.

② 권위주의: 권위주의적 행태는 관존민비의 사고를 낳고, 이 행태는 행정규제를 강화하는 요인으로 작용할 수 있다.

③ 법의식: 준법정신이 강한 민간부문에 대해서는 정부가 신뢰를 갖기 때문에 규제가 적을 것이라 생각한다.

④ 서열의식: 서열의식이 강한 정부조직은 민간부문에 대한 우월감으로 규제를 불러온다.

⑤ 명분주의: 명분주의가 널리 퍼져 있으면 주장과 현실과의 괴리가 존재하기 때문에 규제강화 방향으로 작용할 수 있다. 즉 행정이 명문상 규제를 강화시킬 수 있다.

⑥ 상호신뢰: 국민의 행정에 대한 불신과 반대로 행정의 국민에 대한 불신감이 규제로 이어질 수 있다. 따라서 상호신뢰는 규제완화로 연결될 수 있다.

3. 영역별 행정규제의 종류

(1) 경제적 규제

① 독과점 규제: 독과점 규제는 기업의 독점적 행위나 불공정한 거래행위를 방지하여 공정하게 경쟁이 이루어지는 건전한 시장경제유지를 목적으로 한다.
② 특정산업에 대한 규제: 특정산업에 있어서의 가격, 이윤율, 서비스 수준을 결정하고, 기업의 시장에의 진입 및 퇴출 등에 대하여 정부가 관여하는 것을 말한다. 그 예로서는 독점 및 폭리방지, 부당이득 및 과다경쟁방지, 특정산업의 보호 등이 있다.
③ 규제기관(공무원)의 재량적 규제의 속성이 높으므로 규제대상과 정도에 따라 지대추구나 포획현상이 발생할 수 있는 소지가 높다.

(2) 사회적 규제

사회적 규제란 일반 대중들의 삶의 질적 수준을 높이기 위한 조치로써 반대 역할을 하는 위해 요소들을 규제를 통해 제거히고자 하는 것이다. 그 종류로는 소비자 보호를 위한 규제(의약품 및 식품안전위생법), 환경규제, 산업안전 및 보건, 사회적 차별규제(고용, 임금, 남녀 및 장애인의 차별, 인종, 학력 및 출신차별 등)에 관한 규제들이 있다. 이 규제는 경제적 규제에 비해 규제기관의 재량성이 낮아 지대추구나 포획현상의 가능성이 낮다.
※ 규제개혁의 방향은 경제적 규제는 완화하여 기업의 활동을 촉진시켜야 하지만 국민을 보호하기 위한 사회적 규제는 강화되어야 한다.

※ 규제는 공무원의 재량성으로 부정부패의 소지가 많지만 법규 및 규정의 한계를 보완해 주며, 능률성과 관계된다.

4. 규제수단별 행정규제의 종류

(1) 직접 규제

① 규제에 관한 규칙과 기준 등을 설정하고 규제법에 위반하는 행위를 직접 통제하는 것이다.
② 그 예로 규제법령규제, 행정처분, 인허가 및 특허 등, 시장에서 가격규제 및 진입장벽 운영 등이 있다.

(2) 간접 규제

① 강제규제보다는 인센티브 또는 불이익을 제공하여 간접적으로 통제하는 방식이다.
② 그 예로는 정부지원, 행정지도, 유인방법(보조금, 금융 및 세제해택, 감면, 부담금의 부과, 관세부과 및 환급 등)을 통한다.

5. 행정규제개혁 및 완화 논의

(1) 행정규제개혁의 의의

시장실패 이후 지금까지의 지나친 규제로 오히려 시장기능이 위축되고 비대한 정부기능 등의 문제가 대두되면서 1980년대에 신자유주의의 영향과 더불어 사회경제적 규제완화를 위한 규제개혁이 논의되었다. 따라서 경제규제 완화는 진입 및 퇴거에 관한 규제와 가격과 서비스 기준에 관한 규제완화가 해당된다. 사회적 규제 완화는 사회적 약자와 자연 및 환경보존에 대한 규제는 지속되는 것이 바람직하다는 추세이다. 환경규제는 경제발전단계와 밀접한 관계를 가지고 있는데, 정부가 경제발전 초기의 단계에서는 공해와 같은 환경문제에 대한 규제는 형식적일 수밖에 없다. 경제가 안정기에 들어가면 환경규제는 경제규제보다 정책의 우선순위에 놓이게 된다. 우리나라도 1960~1970년대에 경제개발과정에서 이러한 규제행태가 적용되었다.

(2) 행정규제개혁의 필요성 논거

① 끈끈이 인형효과(tar baby effect): 하나의 규제가 만들어지면 끈끈이처럼 연쇄적으로 또 다른 규제를 발생시키는 경우를 설명하는 것으로 정부규제의 만연을 지적하고 있다(Mikie의 규제의 피라미드 현상).

② 비눗방울 효과(bubble effect): 규제의 범위를 일징하게 정해 놓고 새로운 규제가 생기면 기존의 규제 하나를 폐지하는 것이지만 규제의 정도와 양은 그대로 유지되는 것을 말한다.

③ 조임쇠 효과: 규제는 한번 만들어지면 더욱 강도를 높이고 확대하려는 현상을 설명한다(Bardach와 Kagan).

④ 부처이기주의: 부처 간 갈등과 업무영역의 확대로 규제의 강화 또는 확대가 발생한다(서상원).

(3) 한국의 행정규제개혁

① 추진 방향: 규제완화는 김대중 정부에서 확대·심화되었고, 노무현 정부에 와서는 산업생산성을 위한 규제와 국민에게 불편을 주는 규제는 완화하되 주택안정과 투기방지 규제와 같은 사회적 형평성의 영역에 대한 규제는 강화시키는 방향으로 개혁을 추진하고 있다.

② 정부행정개혁기구: 기획예산처의 행정 개혁실이 담당해 왔던 행정개혁 및 공공부문에 대한 개혁업무를 행정자치부의 행정혁신국과 조직 혁신국으로 이관하였고, 과학기술분문은 과학기술부에 과학기술혁신본부를 신설하여 과학기술혁신 정책의 수립·총괄·조정·평가를 부총

리 겸 과학기술부장관이 겸임토록 하였다. 그리고 행정개혁은 국무총리 직속의 국무조정실에서 담당하고 있다. 가장 괄목할 만한 개혁으로 최근의 기획예산처의 디지털 예산회계시스템 운영을 들 수 있다.
③ 규제개혁위원회: 대통령 소속으로 규제개혁위원회를 두고 있다(1998년 신설). 규제개혁위원회에서는 규제영향평가 및 사전심사 제도를 실시하여 국민의 불편한 사항 등을 개선하기 위하여 전반적인 규제개혁을 추진하고 있다.

(4) 행정지도

① 개념: 공무원이 관할 내에서 행정목적상 시민에게 영향을 미치는 법적 구속력은 없는 규제의 성격의 활동을 말한다.
② 유형: 규제적 행정지도, 조정적 행정지도, 조성적 행정지도
③ 기능: 적시성, 간편성, 상황적응성, 온정성(배려성), 절차의 민주성, 비형식적, 시민관계의 원활성

c heck
p oint

J. Q. Wilson의 규제정치이론
① **이익집단정치(interest group politics)**: 정부규제로 인한 비용과 편익이 소수의 동질적인 집단에 집중되어 관련 이익집단 모두가 조직화와 정치행동의 유인을 강하게 느끼게 되는 유형이다. 즉 정부가 규제를 실시하는 경우 규제에 드는 비용과 규제에 따른 이익발생이 유사집단에 적용되어 이 유사집단들은 편익을 증가시키기 위해 집단화하거나 정부와의 연계를 도모하고자 노력하게 된다.
② **고객정치(client politics)**: 규제로 인한 비용(대가)이 다수에게 분산되고 규제편익(혜택, 이익)은 소수에 집중되는 정치적 상황하에서 소수의 수혜집단들은 자신들의 편익을 제도적으로 보장받기 위해 관료에게 정치적 압력을 행사하는 유형이다. 이 경우 정부 관료가 소수집단의 이익을 대변하는 지대추구현상, 투표교환(logrolling), 구유통 정치(pork barrels) 현상 등이 나타나게 된다.
③ **기업가적 정치(entrepreneurial politics)**: 규제에 소요되는 비용은 소수의 동질적인 집단에 집중되어 있는 유형으로서 규제에 따른 편익은 대대수에 넓게 확산되어 있는 경우이다. 여기서 규제에 소요되는 비용이 소수 집단에 집중된다는 의미는 그들 집단으로 하여금 비용을 물게 한다는 것이다(세금이나 부담금 등).
④ **대중적 정치(majoritarian politics)**: 규제에 소요되는 비용과 규제로 인한 편익이 모두 불특정 다수인에게 미치므로 개개인으로는 비용과 편익의 크기가 작게 나타난다.

02 공공재(公共財)

1. 공공재의 개념

공공재(public goods)란 '나의 소비가 타인의 소비를 침해하지 않는 재화, 반대로 타인의 소비가 나의 소비를 침해하지 않는 재화'로 정의된다. 만약 나의 소비가 타인의 소비를 침해하는 재화는 사적 재화(private goods)라고 부른다. 즉 공공재의 공식은 a, b 두 사람이 사용할 때 공공재 $X=Xa=Xb$ 이며, 사용에 따라 줄어들지 않지만 사적 재화는 $X=Xa+Xb$가 된다. 즉 내가 사용한 만큼 다른 사람의 사용이 축소되는 재화이다.

2. 재화의 종류

(1) 민간재(요금재, toll goods): 공동으로 사용하는 재화로써 요금을 지불해야 사용할 수 있는 재화를 말하며, 민간재는 주로 요금재가 많고, 배제성이 존재하므로 시장에서 공급되는 재화이다.

(2) 공유재(common pool resource): 누구나 공유할 수 있는 재화로써 과잉소비로 인한 자원고갈을 방지하기 위해서 이용에 일정한 제한을 필요로 한다. 공유재는 수요자의 이용을 배제시키기 어려우며, 어느 개인의 이용이 다른 사람이 이용할 수 있는 자원의 양을 감소시키는 경합성의 속성을 가진 공유자원(재화)을 말한다. 따라서 자원고갈의 발생으로 사회 전체에 해가 되는 시장실패를 유발시킬 수 있기 때문에 정부개입의 근거가 된다(목초지의 예로써 공유지의 비극을 말한다).

03 시장부문과 정부부문에 대한 논의

1. 의의

사회과학이 다루는 사회현상을 논할 때, 그 영역을 크게 민간부문(private sector)과 공공부문(public sector)으로 나누어 볼 수 있다. 특히 우리 공무원 시험에서는 민간부문은 시장부문으로 공공부문은 정부부문으로 보면 무방하다. 앞서 설명한 바와 같이 1929년 세계경제대공황이 발생하였고, 시장실패가 가속화되면서 이전의 행정의 소극적 역할에 대해 회의적인 인식은 시장실패에 대한 행정의 적극적인 개입과 역할을 요구하였다. 행정은 시장실패를 보정하고 복지국가를 추구하기 위해 시장에의 적극적인 개입은 규제강화 일변도로 진행되었으며, 이는 곧 시장의 위축과 관료들의 능력부족으로 많은 문제점이 노정되었다. 이것이 곧 정부실패이다. 이러한 정부실패는 최근 1980년대 후반에 이르러 정부의 규제완화와 효율적인 정부역할 및 기능을 중시하면서 신자유주의적 철학에 영향을 받아 신공공관리론이 성립되었다. 따라서 이 장에서는 시장실패와 정부실패의 원인을 분석해 보고 신공공관리론의 이론적 특징을 정리해 보기로 한다.

2. 시장실패와 정부실패

(1) 시장실패

① 개념: 시장이란 실제 시장을 포함한 유·무형적 시장을 말하는 것으로 사회영역 모두를 지칭한다. 하나의 질서와 같은 것으로 어떤 물질을 소유하고 혜택을 누리려면 그만큼의 대가를 치러야 하는 장(field)이다. 다시 말하면 주고받기(give and take)가 원활하게 이루어진다면

그 시장은 시장의 기능에 의해 잘 운영된다고 본다. 자유무역주의자인 Adam Smith의 주장은 '보이지 않는 손(invisible hand)'에 의해 시장은 고유의 기능에 따라 잘 운영될 것으로 보았다. 그러나 세계경제 대공황과 같은 시장실패가 발생하였다. 사회현실이란 사적 이익을 추구하는 개인의 욕심과 여러 가지 요소의 특성상 시장의 메커니즘이 잘 작동되지 않는 경우가 발생한다. 이것이 시장실패이다(시장실패는 많은 문제점을 발생시켜, 사회 전체에 해가 되기 때문에 정부의 입장에서는 그대로 방치할 수가 없는 것이다. 따라서 정부는 시장에 개입하면서 정부규제의 정당성을 부여하게 되는 요인으로 작용한다).

② 이론적 논거(시장실패의 이론적 논거): 시장실패의 논거로서의 대표적 이론모형으로서는 죄수의 딜레마 이론과 공유지의 비극이론이 있다. 두 이론모형은 개인의 이익추구를 위한 합리적인 선택이 사회 전체로서는 해로 돌아가며, 합리적인 선택이 아니라는 것이다. 따라서 개인과 사회 전체가 모두 손해를 보는 결과를 초래하므로 정부의 개입이 필요하게 된다.

　㉠ 죄수의 딜레마 이론(구성의 모순이론): 이 이론모형은 공범으로 구금되어 있는 두 용의자가 각각 다른 장소에서 검사에게 심문을 받는 상황에서 자백 또는 묵비할 경우에 따라 구형이 달라진다는 검사의 협상에 처한 죄수들의 결정의 딜레마 상황을 설명하고 있다. 여기서 우리가 주목할 점은 두 죄수는 구형을 적게 받는 쪽으로 하고 싶으면서도 상대방을 서로 신뢰하지 못하기 때문에 딜레마에 빠지게 된다. 즉 둘 다 죄가 없다고 자백을 하면 되시반 자신만 구형을 작게 받으려고 죄를 자백하고 또 다른 피의자도 자백을 함으로써 두 사람 다 바람직하지 않은 결과를 가져온다는 것을 설명하기 위한 이론모형이다(V. Neumann과 Rappaport의 이론).

　㉡ 공유지의 비극이론(공유재론): 목초지 같은 공유지는 누구나 가축을 방목할 수 있는 공유재이다. 그러나 자신의 이익의 극대화를 위해 마구잡이로 가축을 방목하고 관리를 하지 않는다면 목초지가 초토

화됨으로써 다음 해는 풀이 다시 나지 않아 모든 사람이 더 이상
방목을 못하는 상황이 발생한다. 이는 모든 방목하는 사람들인 사
회 전체의 손해로 결과한다(Hardin의 이론).
ⓒ 구명보트의 윤리배반: 시장실패를 설명할 수 있는 근거로써 모선이
침몰하면서 구명보트로 이동할 때 개인들의 안녕을 위해 보트에
정원초과로 탑승하지만 결국은 가라앉는 현상을 말한다(개인이익
의 합과 전체 이익의 합이 불일치).

③ 시장실패의 요인
ⓐ 불완전한 경쟁: 자본주의가 발전되면서 대재벌의 성립과 더불어 독
과점과 같은 불완전한 경쟁과 거래는 시장을 교란시킨다(정부의
불공정거래법과 같은 제도적 통제를 가한다).
ⓑ 공공재의 본래적 특성: 공공재는 비경합성과 비배제성, 비분리성의
특성이 있다.
㉮ 비경합성: 내가 어떤 재화를 소비함으로써 타인이 그 재화를 소비
하는 양이 줄지 않거나 영향을 받지 않는 특성을 말한다. 즉 햇
볕과 공기 등과 같이 소비에 경쟁이 일어나지 않는 공공재를 말
한다. 따라서 공공재를 사람들은 무절제하게 소비를 할 것이다.
㉯ 비배제성: 공공재의 혜택을 누리는 데 배제시킬 수 없는 공공재
의 성격을 말한다(국방과 치안의 공공재의 사용의 경우 세금을
내지 않거나 군대에 가지 않은 사람도 동시에 혜택을 받는 공공
재적 특성이 있기 때문이다. 따라서 군에 안 가거나 세금을 내
지 않는 무임승차자(free rider)가 발생한다. 이러한 무임승차자로
시장은 혼란스러워진다.
㉰ 비분리성: 분할이 어려운 재화나 서비스의 생산과 소비와 관련되
는 특성이다. 교통기능은 대표적인 비분리성의 경우인데, 교통의
재화를 사용하는 상황과 대상에 따라 분할해서 건설하고 사용할
수가 없다. 이러한 공공재 생산은 민간부문에 맡길 수 없기 때
문에 정부가 개입해서 필요한 재화나 서비스를 생산하고 공급

하고 이용자에게 비용을 부담시키는 것이 정당화된다. 이와 같
은 공공재의 특성 때문에 정부가 공급하게 된다.

㉣ 비축적성: 공공재는 생산, 공급하자마자 바로 소비되는 재화로써
축적이 되지 않는다.

ⓒ 외부효과의 발생: 외부효과(외부성, externality)란 시장에서 주고받기
가 잘 되지 않고 의도하지 않았지만 자신의 이익추구 활동으로 인
해 사회 전체에 이익 또는 손해를 끼치는 것을 말한다. 외부효과는
외부경제효과(이익)와 외부비경제효과(손해)가 있다.

㉮ 외부경제효과: 타인에게 임의의 혜택을 주었으면서도 그에 대한
대가를 받지 못하는 경우를 말한다(교육 및 사회사업 등). 사회
에 대한 혜택의 측면에서 경제적인 것으로 보았다. 또한 개인의
이익과 사회의 이익의 두 가지 측면에서 설명이 가능한데, 시장
에서 개인은 사회의 이익보다는 개인의 이익이 발생하는 생산
활동을 할 것이다. 생산 활동이라는 측면에서 경제효과로 보았
다. 시장실패가 발생하지 않으려면 개인이익보다는 사회 전체의
이익을 위한 생산 활동을 해야 하지만 그렇지 않은 행위를 하
지 않음으로써 사회발전과 안정을 저해시키므로 시장실패로 볼
수 있다.

㉯ 외부비(불)경제효과: 사회에 손해를 끼치면서 그 대가를 치르지
않는 경우를 말한다. 경제활동의 부산물인 공해 또는 환경오염
을 유발시킨 경우이다. 사회적 손실(비용)을 초래하는 비경제적
측면으로 보았기 때문에 비경제적 효과로 간주했다. 또 한편 개
인의 비용과 사회적 비용의 측면에서 설명하면, 개인은 개인의
비용을 치르게 되면 사회적으로 치르는 비용은 감소하여 사회
전체 이익을 가져오지만 현실적으로 개인은 사회적 비용이 많이
들고 개인의 비용이 적게 드는 방향으로 행위를 한다는 것이다
(개인공장의 공해방지시설의 미설치, 차량의 공해배출방지를 위
한 정비 등 환경오염이 대표적인 예이다. 이는 환경정화를 위한

사회적 비용의 증가는 세금의 부과로 이어져 전체의 불이익을 가져오며, 정부규제를 불러온다). 결론적으로 외부효과는 모두 불공정한 결과이므로 시장실패의 원인이다.

㉣ 정보의 불균형(비대칭성): 정보에 있어서 공급자와 소비자와의 관계는 왜곡된 정보를 제공하는 선전을 매개로 이루어진다. 즉 상품에 대해 소비자는 잘 알지 못하기 때문에 제품 생산자와 소비자와의 정보의 불균형(정보의 편재)으로 소비자는 공평하지 못한 불이익을 당할 것이다(이에 정부는 소비자보호법 같은 제도적 장치를 마련해 시장실패를 막으려 한다).

㉤ 규모의 경제 추구: 평균비용의 감소와 평균수익의 증가현상 때문이다. 규모의 경제(경제성, 대량생산)가 적용되는 대기업(비용체감산업 분야)은 중소기업보다 대량생산체제가 가능하여 생산원가인 평균비용이 줄고 대신 평균수익은 증가되어 자연독점현상인 시장실패가 발생하게 된다. 따라서 대량생산이 불가능한 중소기업은 경쟁력을 잃고 시장에서 퇴출되므로 이러한 산업분야는 공기업 등을 통해 정부가 직접 담당하거나 최저가격을 설정하여 소규모의 기업이 도산하지 않도록 한다.

㉥ 소득분배의 불공평성: 자본주의 사회에서의 시장기능의 파생적 결과로 소득이 골고루 배분되지 않은 상태는 시장실패이다(부익부 빈익빈을 방지하고 생활수준의 차이에 대해서는 복지정책과 같은 국가의 개입을 필요로 한다. 소득의 차이에 따라 세금을 달리 부과하는 누진세도 소득분배의 공평성을 추구하는 정부의 정책에 해당된다).

㉦ 불안정한 정치·경제상황: 국가안보나 위기상황 발생과 인플레이션 및 경기침체는 사회 전체의 이익에 위배되는 상황으로 시장실패의 원인이 된다(국가안정을 위한 정부의 개입은 증대될 것이다).

■ 시장실패와 치유책

구 분	정부 공급	유인(지원)	정부규제
공공재의 특성	○		
외부효과의 발생		○(보조금, 특허기술보장)	○(규제, 부담금, 과태료)
자연독점	○		○
불완전경쟁			○
정보의 불균형		○	○

(2) 정부실패

① **개념**: 1930년대 세계경제대공황을 맞으면서 공공사무의 관리 측면만을 강조하는 행정 관리설은 퇴조하고 강력한 통제력을 강조하는 통치기능설이 대두되었다. 즉 시장실패를 보정하기 위한 시장에의 정부개입은 정부규제의 강화를 가져왔다. 이러한 정부의 시장개입과 규제강화는 관료능력의 한계(비생산성, 비효율성, 비경쟁성)와 더불어 시장의 기능을 위축시키는 또 다른 실패를 발생시켰는데, 이것이 정부실패이다.

② **정부실패의 원인**

  ㉠ 정치인 및 관료의 속성과 내부적인 문제

    ㉮ 단기적 이익 추구 성향: 정치인의 최고의 이익추구는 재선이므로 유권자나 국민에게 성과를 과시하는 정책을 선호한다. 즉 정치인들은 장기적이고 총체적인 국가발전에 관심을 두기보다는 유권자에 대한 선거공약 등의 이행을 중요하게 생각하기 때문에 단기적인 목표나 가치에 관심을 둠으로써 정책의 파행을 초래한다(Feldstein의 정치과정 고유의 근시안).

    ㉯ 정치적 보상체계의 왜곡: 정치인에 대해서 정책에 대한 평가도 이루어지지 않을 뿐 아니라 책임성도 미약한 실정이다. 또한 정책을 통해 정치적 보상을 추구하기 때문에 예산의 극대화 추구와 정부활동을 확대하는 성향을 가지고 있다.

    ㉰ 과두제의 철칙: 의사결정과정에서 소수의 간부가 자신의 이익을 위해 부하들의 의견을 무시하는 왜곡된 정책결정의 현상을 말한다.

　　㉣ 사적목표의 설정: 관료의 사적이익을 고려한 목표를 설정하는
　　　경우를 말한다.

　　㉤ X－비효율성: 관료내부의 문제로써 관료와 경쟁할 외부집단의
　　　부재로 인한 독점성과 자원의 합리적·효율적 배분이 이루어
　　　지지 않은 결과이다.

　　㉥ 매몰비용(sunk cost)의 발생: 정책 추진 시 추가 투자되어야 할
　　　비용을 말한다(예를 들어 기관이 운영하는 공영주차장을 민간
　　　에게 매매할 경우 건물 등의 효용가치 감소와 기타 감가 상각
　　　되어 회수 못하는 비용을 고려하지 않고 있는 경우).

ⓛ 내부목표와 사회목표와의 괴리현상: 행정조직의 목표와 국민이 원하는
　목표와의 차이이다. 즉 사회적 공익달성이나 국민이 원하는 목표를
　추구하지 않아 발생하는 괴리현상은 정부실패를 가져올 것이다.

ⓒ 파생적 외부효과: 시장실패를 개선하기 위한 정부의 개입과 규제강
　화는 오히려 파생적으로 더 큰 부작용을 유발시킨 결과를 말한다.

ⓔ 투입과 산출의 미연계: 공공재의 특성상 효과 등 산출을 산정할 수
　없기 때문에 발생한다. 그리고 행정은 시장의 활동주체와 같이 공
　공재의 수요와 공급을 조절할 수 있는 능력이 없기 때문에 공공재
　생산에 비용의 중복과 상승되는 문제점이 발생한다(과다공급설 ⓐ
　Wagner의 경비팽창의 법칙 ⓑ Parkinson의 법칙 ⓒ 보몰의 병 ⓓ
　Buchanan의 다수결투표).

ⓜ 비용과 편익의 분리: 특정 정책으로부터 발생되는 이익은 해당 집단
　에게 돌아가지만 비용(세금 등)은 모든 대중이 다 부담해야 하는 문
　제점이다(비용부담자와 수익자와의 분리). 또한 정부의 공공재 생산
　에 세금의 충당과 수익 사이의 연관관계가 부족하여 정부활동은 항
　상 비용이 중복된다(일명 X－비효율성).

ⓗ 지대(추구)이론: 지대란 특정 집단(기업, 단체 등)이 집단의 이익과
　독점권을 차지하기 위한 정부(관료)에 대한 로비 등의 활동을 말한
　다. 즉 기술개발 등에 투자하여 시장에서 이익을 창출하는 것보다

로비와 뇌물 등의 방법으로 독점을 차지하는 것이 훨씬 더 경제적
이기 때문이다. 이로써 정부는 포획되어 시민보다는 특정 집단의
이익을 위한 행정활동으로 정부실패를 발생시키며 그에 대한 대가
는 국민의 희생으로 이어지는 사회적 비용을 초래한다. 이러한 영
역을 행정지대 또는 그림자행정이라고도 한다.

ⓢ 포획이론(capture theory): 포획이란 정부도 이익을 추구하는 경제
주체로서 행위를 함으로써 특정 이익집단의 영향력에 의해 움직인
다는 말이다. 즉 정부(규제자)는 사회 전체의 이익을 위한 정책을
시행하지 않고 이익집단(피규제자)의 로비로 인해 특정 집단에 대한
규제보다는 오히려 그들에게 이익이 되는 정책을 펴나간다는 이론
이다(특정집단을 위해 정부가 주체가 되어 각종 특혜를 제공하는
활동으로서 수입규제, 관세 또는 비관세정책을 차별적으로 시행의
경우 등을 말한다).

ⓞ 하위정부 구성(3자 연맹, 철의 삼각): 국가의 정책이 행정부, 이익집
단, 국회의 소관 상임위원회가 강한 연합체를 구성하며 서로의 이
익을 추구한다는 관점이다.

ⓩ 정부의 비시장적 의사결정의 한계: 정부 내에서는 시장과는 달리 비
시장적 의사결정이 이루어질 수 있다. 즉 개인의 선택이 아닌 집합
적 선택규칙(단독, 과반수, 만장일치 등)에는 많은 한계가 있다.
Arrow는 불가능성의 정리를 주장하면서 투표도 다수결의 원리처럼
합리적인 결정은 아니라는 것이다. 합리적 자원배분이 되기 위해
서는 다음과 같은 기준이 적용되어야 한다.

㉮ 완전성과 전이성: 모든 사회적 상태를 비교 평가할 수 있어야 한다.

㉯ 파레토최적(Pareto optimal, 능률성과 효율성의 측면): 모든 개인의
선택과 집단선택의 결과가 일치해야 한다. 파레토최적의 상태
란 자원이 효율적으로 잘 배분된 상태(균형상태, 불만이 없는
상태)로서 나의 효용을 증가시키기 위해서는 타인의 효용을 감
소시키지 않으면 안 되는 상태를 말한다.

ⓓ 대안의 독립성: 대안의 교환이 발생하지 않는 대안의 선호를 말한다.

ⓡ 비독재성: 민주적 선호체계에서 한 사람의 독단적인 선택에 좌우되지 않아야 한다.

ⓜ 대리손실: 대리인 이론에서 주인은 국민, 대리인은 정부가 되는데, 관료가 자신의 이익(부정부패)을 추구하는 것을 도덕적 해이라고 하며, 이는 대리손실을 발생시키며 정부실패이다.

ⓚ 행정의 대응능력 부족: 행정의 경직성으로 인하여 적절한 정책을 추진하지 못하고 국민에 대한 대응성이 부족할 때 정부실패가 발생한다.

ⓗ 권력과 특혜에 따른 분배적 불평등: 소득불균등을 시정하고자 하는 정부의 정책이 관료들의 윤리·책임의식의 결여로 공익성과 보편성이 떨어지면서 권력과 특혜로 인한 분배적 불평등을 야기할 수 있다.

정부실패와 치유책

구 분	민영화	정부보조금 삭감	규제완화
사적목표 설정 및 지향	○		
X-비효율성과 비용체증	○	○	
파생적 외부효과		○	○
권력의 편재	○		○

3. 정부실패와 신공공관리론의 대두

시장실패를 극복하기 위한 정부의 개입은 정부실패를 낳았고, 많은 문제점이 노정되었다. 급기야는 1980년대 후반 거대한 현대행정국가의 한계와 정부실패를 극복하고자 신자유주의의 영향을 받아 기업가적 정부의 특성을 강조하는 신공공관리론이 대두되었고, 그 특징은 다음과 같다.

(1) 신공공관리론의 특징

① 작지만 효율적인 역할의 정부: 거대행정국가에서 규모, 조직 등에서 작지만 효율적인 행정업무를 지향하는 정부를 요구하였다.

② 복지개념의 축소 및 퇴조: 복지국가를 실현하는 것이 현대행정국가의 특징이라면 신공공관리론에서는 복지정책의 강조는 지나친 예산의 소요가 발생하고 행정의 생산성 측면에서 정부의 비효율성을 야기하게 되었다. 따라서 정부실패와 재정확충의 어려움으로 복지위기론이 대두되었다. 복지역할분담론 내지 복지다원론을 논거로 복지정책이 퇴조되어 가는 시점에서 신공공관리론은 더욱 부각된 것이다.

③ 시장의 원리와 경쟁의 원리 적용: 공공부문에 경쟁의 원리를 도입하여 업무의 질 향상과 국민에 대한 높은 수준의 서비스 제공 등을 위해 부서별, 개인별 경쟁을 유도한다는 것이다. 전통 관료주의적 기능에서 자유경쟁적 시장기능을 통한 공공부분의 경영성을 추구하자는 것이다.

④ 고객위주의 행정: 조직내부의 목표달성과 규칙 중심적 조직에서 고객이 원하는, 국민위주의 행정업무지향으로의 전환을 강조하고 있다. 이를 달성하기 위한 조직관리 기법으로 업무와 서비스 질 개선을 위한 TQM(Total Quality Management, 총체적 품질관리), 시민헌장제도가 도입되었다.

⑤ 노젓기에서 방향 잡기 역할로의 변화: 정부가 민간부문을 통제하고 공공재 및 서비스의 생산과 공급을 주도하는 노젓기(Rowing)의 역할에서 민간부문의 활성화와 자율성을 강조하고 지원하는 방향 잡기 역할(Steering)로의 변화가 그 특징이다. 이러한 정부는 시너지효과가 발생되도록 민간부문을 유도하는 촉진적 역할로서의 촉매정부라 달리 표현할 수 있다.

⑥ 성과·산출·결과 지향적 행정활동: 과정과 절차, 투입 위주의 행정활동에서 성과·결과·산출을 중심으로 한 업무를 지향하고 있다. 이러한 정부활동의 제도적 변화는 ㉠ 성과중심의 조직을 구축하기 위한

예로 영국의 Next Step Program에 의한 책임운영기관(사업소, Agency)
의 설치와 Market Testing(시장성 검정: 내부부서와 민간입찰업자를
경쟁시켜서 행정서비스의 공급주체를 결정)제도의 도입, 미국은 Gore
부통령의 'Gore Report'에도 강조되고 있으며, 정부조직의 기업화 추
구를 말하고 있다. ㉡ 인사권한의 위임, 성과급제도, 개방 및 계약임
용제 확대 등 ㉢ 예산의 개혁을 추구하는 새로운 제도인 총괄배정예
산제도, 산출예산제도, 발생주의 회계방식 등의 도입과 연계되어 추구
되고 있는데, 이는 정부예산운영의 신축성과 기업성의 제고에 있다.
우리나라에서는 특히 인사 제도적 측면에서 성과 중심적 개방형 임용
제, 직무성과계약제, 성과관리카드제 실시, 고위공무원단제도 도입 등
이 활발히 진행되고 있다.

⑦ 조직 내의 분권화와 통제완화: 하부로의 권한위임과 참여를 바탕으로
한 조직 내 민주성의 제고와 유기적인 협조를 강조하면서 공동체, 팀
워크를 중시한다. 전통적 관료조직의 경직성과 획일성을 탈피하여 자
율성과 성과를 중시하고 결과에 대한 책임성을 강조하며, 외부통제보
다는 내부통제를 우선시한다.

⑧ 기업가적 정부 모색: 기업가적 정신은 원래 모험과 도전정신을 바탕으
로 하는데, 예산투입 중심의 정부운영방식을 수익창출을 최고 가치로
추구하는 기업의 이념을 공공부문에 도입하는 것이다.

⑨ 공기업의 민영화: 정부의 공공재 생산의 독점성은 고객에 대한 대응성,
신속성, 질 높은 서비스 공급 문제 및 비효율적인 생산성의 문제가
심각하다. 따라서 시장의 원리 적용과 주식매각, 사기업의 경영기법
및 관리능력의 도입으로 공기업의 한계를 극복하려는 시도이다.

⑩ 개방체제 임용의 확대: 조직의 활성화와 노동의 유연화를 기하기 위해
외부로부터의 채용이 자유로운 개방형 임용과 계약직 임용을 중시하
고 있다.

⑪ 신지방분권화: 현대 행정국가에서는 신중앙집권화 경향을 두드러지게
보였으나, 최근에는 세계화·지방화가 강조되면서 지방정부에게 더욱

많은 권한이 위임되는 신지방분권화 또는 정부의 역사회주도형으로
전개되고 있다.

(2) 신공공관리론의 한계

① 행정의 특수성 저해: 지나친 경영성의 강조로 행정의 정체성과 가치의
문제 등 행정이념을 소홀히 할 수 있다.
② 지나친 기업가적 논리 적용: 기업가적 정신이란 원래 도전과 모험정신
을 의미한다. 그러나 관료들에게 이러한 정신을 지나치게 강조한다는
것은 법규와 절차에 따른 행정집행상의 혼란을 가져올 수 있다.
③ 분권화와 내부통제 축소의 한계: 지나친 권한위임은 조정의 문제가 발
생할 수 있으며, 내부통제를 감소시키고 지나친 자율성 부여는 재량
의 확대와 함께 개인적 공직부패를 유발시킬 수도 있다.
④ 성과측정의 문제: 정부 정책의 성과는 계량화하기가 매우 어려우므로
성과평가시스템의 구축과 객관적 기준 및 지표가 매우 중요한데 우리
나라의 경우 평가시스템 및 객관적인 평가기준들이 마련되어 있지 않
은 실정이다.
⑤ 작은 정부론에 대한 관료들의 저항: 조직의 슬림화 추구는 관료들의 이
익에 직결되므로 저항이 매우 크다. 참여정부는 부처별 자율적 조직
의 슬림화 개편을 추구했지만 실패했다.
⑥ 개방형 임용제도: 외부로부터의 공직임용의 확대는 채용과정에서의 거
래비용과 대상자에 대한 정보부족으로 채용이 용이하지 않을 수도 있
으며, 채용 시 정실이 작용할 수도 있다. 가장 큰 문제점은 공무원의
승진에 대한 기회가 축소되어 사기를 저하시킬 수 있다.

4. 뉴거버넌스(New Governance)

(1) 개념

① 1980년대 신공공관리론에 이어 90년대에는 뉴거버넌스가 신국정관리 또는 신국정운영의 용어로 표현되기 시작했다. 그간의 정부실패, 시민 중심의 사회도 회의적인 관점이 지배적이면서 기존의 정부 패러다임에서 거버넌스 패러다임으로의 변화의 물결이 싹트기 시작하였다. 따라서 거시적 관점에서 거버넌스와 신공공관리론은 무관한 개념으로 보아야 한다. 즉 거버넌스는 정부의 역할 변화이며, 신공공관리론은 상황변화에 대응하려는 조직개혁의 일환으로 보아야 한다.

② 신공공관리론과 뉴거버넌스는 새로운 정부의 모습을 지향한다는 측면에서는 개념상의 큰 차이는 없으나 강조하는 점에서 차이가 있을 뿐이다. 두 관점의 공통점은 탈관료제, 조직 내 참여 및 분권화 촉진, 고객 지향적 행정과정의 중시를 들 수 있다. 대표적인 뉴거버넌스의 모형은 행정개혁과 연계된 새로운 국정관리모형을 제시하는 Guy Peters의 네 가지 모형을 예로 들 수 있다.

(2) Peters의 신공공관리 정부모형과 특징

① 시장적 정부: 독점성을 제한하고 권한의 분권화, 성과급과 민간기법을 공공부문에 도입하여 관리 측면의 개혁을 추구한다.

② 참여적 정부: 계층제 완화와 조직의 횡적인 분화, 공익은 참여와 협의를 바탕으로 추구하며, 정책결정에서 협의와 협상을 강조하고 조직의 관리개선은 팀제와 총체적 품질관리 같은 기법을 중시한다.

③ 신축적 정부: 조직의 경직성을 완화시키고, 효율적인 조직목표 달성을 위해 가상조직(network) 등 임시조직을 최대한 확대하고 활용한다.

④ 탈규제적 정부: 내부규제의 완화를 지향하고 기업가적 정부의 특성을

강하게 나타내며, 관료의 재량성을 강조한다.

(3) Rodhes의 신공공관리

작은 정부로서 기업적 특성을 가진 사기업의 경영방식을 중시하는 관리 방식을 국정관리에 적용한다. 사회적 인공 지능적 관점에서 사회제집단의 정치적 참여 및 지지와 사회 조합주의적 특성도 포함하는 사회세력과 이익 집단 간의 균형성 등 자율적인 사회정치체계의 질적인 면을 설명하고 있다. 또한 자기조직화 연결망을 주장하였는데, 자기 조직적이고 자율적인 연결 구조를 말한다. 그리고 신공공관리론의 중요한 가치인 조직의 효율성만 강 조하는 것이 아니라 법 준수, 규범 및 가치의 중요성도 인식하고 있다.

(4) Schachter의 시민재창조론

정부가 시민을 고객으로 보고 있다는 주장(정부재창조론)을 지적하면서 시민은 정부의 고객이 아닌 소유자로 보고 있다. 따라서 정부의 활동성과를 증진시키기 위해서는 시민들의 능동적 참여를 바탕으로 정부의 수동적인 입장의 시민의 위치와 역할에서 정부의 주인으로서 행정과정에의 행동 지 향적이고 적극적인 입장을 강조하고 있다.

◻ 신공공관리와 뉴거버넌스의 특징 비교

구 분	신공공관리 (Governance: Peters)	뉴거버넌스(신국정관리) (New Governance: Rhodes)
이론적 배경	신자유주의	공동체주의
관리메커니즘	자유 시장을 바탕으로 한 경쟁원리	네트워크(협력적 공동체)
추구가치	생산성과 효율성	정치성과 민주성
중심목표	결과, 성과중심	임무, 과정중심
정부역할	기업가, 지원자	조정자
서비스 생산체제	민영화, 민간위탁 방식	시민 · 기업의 공동생산체제
분석수준	조직 내	조직 간
국민의 성격	국정의 대상으로서의 고객(정부재창조론)	국정의 주체로서의 시민(시민재창조론)

제3자적 정부(대리정부)

1. 개념 및 의의

(1) 행정국가에서의 정부중심의 독점적 공공서비스 공급방식에서 새로운 형태의 간접적 공급형태의 정부 운영방식 또는 통치형태(민영화 또는 민간위탁 등의 방법으로 운영)를 말한다.

(2) 우리나라에서는 1997년 IMF 이후 그간의 독점적 국가역할과 기능이 효율성의 문제와 정부능력이 약화 등의 문제에 부딪치면서 새로운 국가통치형태의 논의가 제기되었다.

(3) 출현배경은 신공공관리론과 뉴거버넌스, 포스트모던이론에 의한 시민참여와 담론의 필요성이 증대되면서 정책결정과정에서의 폐쇄적인 방식에서 정책네트워크방식으로의 전환을 보이고 있다.

2. 대리정부로서의 정부역할 변화 내용

(1) 지방분권화와 민영화 및 민간위탁 확대

(2) 공공서비스 공급에 있어서의 NGO 및 지역시민의 역할 증대

(3) 정책결정 등에 있어서 정부관료 및 기관들의 각종 정부위원회에 대한 의존 심화(정부위원회의 결정에 무조건 따르는 현상 초래)

(4) 조정자, 촉매자로서의 정부역할 변화 기대

3. 긍정적 측면과 부정적 측면

(1) 긍정적 측면

① 고객 지향적 행정 구현 　② 지역중심 행정 구현

③ 국민의 의사가 반영되는 공개적 의사결정의 정착

(2) 부정적 측면

① 정부의 책임회피 유발 가능 　② 지대추구 발생 가능

③ 서비스 질의 저하와 공익추구 저해 　④ 지나치게 민간에의 의존 현상

블랙스버그 선언

1. 대두 배경

① 블랙스버그 선언은 미국사회에서 일어나고 있는 필요 이상의 관료공격, 대통령의 반관료적 성향, 정당 정치권의 반정부어조 등 행정의 정당성을 침해하는 정치사회적 문제점을 지적하고 그 원인의 일부를 행정학 연구의 문제점에서 찾는다. 즉 규범적 문제는 간과된 채 관리과학의 원리가 정부기능에 적용되고 있고, 행태주의와 실증주의가 행정학을 지배하고 있기 때문에 행정의 정당성을 규명하는 데 있어 행정학의 토대는 사실상 잘못되었고, 따라서 행정학의 토대를 국정운영(governance)의 규범성, 특히 입헌주의를 통해 다시 닦을 필요가 있다고 제안한다.

② 미국 버지니아텍 대학교의 행정학과 교수진들인 웜슬리(Wamsley), 굿셀(Goodsell), 울프(Wolf), 로어(Rohr), 그리고 화이트(White)가 공동 선언하였으며, 1983년 미국 행정학회 연례학술대회의 한 패널에서 소개된 후 개념이 확대되었다.

2. 의의

① 블랙스버그 선언은 미국사회와 정치인의 반관료적 성향에 대응하여 미국행정의 정당성을 확인하기 위한 논의를 활성화하였다. 특히 민영화가 증가하고 정부재창출의 개념이 국정지표로 선택되어 효율성이 강조되는 반면, 퇴색되어 가고 있는 시민의식, 공공서비스, 행정(관리와 구별되는 개념)의 중요성을 강조하였다는 데 그 의의를 찾을 수 있다.

② 한국에서도 행정의 정당성을 규범적, 특히 헌법적 시각에서 논의하여 행정가에게 행동방향을 제시함으로써 실추되어 가고 있는 행정과 관료에 대한 위상과 긍정적 개념의 권위를 회복하도록 돕는 것이 필요한 시점이고, 특히 한국행정이 신자유주의 및 신공공관리의 세계적 영향력하에 들어서면서 그 필요성은 더욱 중요해져 가고 있다.

행정학의 접근방법

01 전통적 접근방법(과학적 관리론)

1. 개념

과학적 관리론(테일러 시스템인 과업관리와 포드 시스템)은 19세기 말 이후 미국을 중심으로 발전된 산업조직의 경영이론으로서 경영합리화(생산성과 능률성 증진)를 달성하기 위한 이론이다. 즉 최소의 비용으로 최대의 생산을 추구하는 방법을 모색하고자 나온 조직관리 이론이다. 이 이론의 창시자로서 Taylor(미국 텍사스 주 베렐레햄 철강회사의 경영자)는 '과학적 관리의 원리(1911년)'를 저술하고, 표준화된 작업절차를 설정·운영하여 과업의 능률성과 생산성을 높이고자 하는 지식기술의 체계이자 조직의 과학적 관리기술로서 테일러 시스템(테일러리즘) 또는 과업관리라고도 한다.

2. 과학적 관리론의 내용과 원칙

(1) 테일러 시스템(Taylorism, 과업관리)

① Taylor의 과업관리 내용
   ㉠ 동작연구 및 시간연구: 생산 공정과정에서 요소단위를 과학적으로 연구·분석하여 생산성 향상에 기여하지 못하는 작업자의 불필요

한 동작을 방지하기 위함이다.

ⓛ 생산과정의 표준화: 생산성과 능률성을 증진시키기 위해 모든 공정 과정 및 작업여건을 표준화시킨다.

ⓒ 적정한 일일 과업량 부여: 표준화된 생산 공정에 따라 개개인에게 적정한 일일 작업량을 부여하되 최대의 달성을 강조한다.

ⓔ 높은 경제적 유인제도: 성공적인 과업수행과 과업실패의 경우는 다른 대우를 하게 된다. 성과에 따른 임금지불과 미완수 경우에는 상응하는 손해를 감수하도록 하고 있다. 이러한 개념은 오늘날의 노사관계에서의 무노동 무임금제도에 영향을 주었다.

ⓜ 최대 작업량 달성: 과업량은 전문기술자가 해낼 수 있는 양으로 부여한다.

② 테일러의 4대 기본 관리원칙

ⓞ 생산과정에서 시간연구·동작연구 등 생산자의 합리적 관리를 위한 과학의 발전을 추구한다.

ⓒ 상세히 분류한 업무요건과 특성에 따라 과학성에 기초하여 생산자를 선발한다.

ⓔ 양질의 생산자 선발과 훈련은 비례하므로 생산자의 교육과 발전에 주력한다.

ⓔ 관리자와 생산자의 책임분담과 상호협동은 관리대상이며, 노사관계 정립에 영향을 주는 내용으로써 능률성을 전제로 노사가 발전할 수 있다는 능률지상주의를 낳았다고 해석할 수 있다.

(2) 포드시스템(Fordism, 동시관리)

① 미국의 포드가 1903년 자동차 회사를 창설하고 실행한 경영관리방식으로써 제품의 단순화, 부품의 표준화, 작업의 전문화의 3S운동을 전개하고 컨베이어시스템에 의한 이동조립방법을 채택하여 작업의 동시관리를 통해 생산능률의 극대화 추구를 도모하였다.

② 포드는 이윤을 추구하면서도 일반 대중의 생활수준의 향상 추구(사회봉사적 측면 강조)를 경영이념으로 가지고 있다는 점이 테일러리즘과는 차이가 있다(백색사회주의자로 비판받음). 이러한 포드의 경영철학과 이념은 고객뿐만 아니라 직원들의 복지를 위한 노력들을 강조하고 있다.

③ 포드는 작업의 자동화와 기계화를 통해 생산의 합리성을 강조함에 따라 그가 강조한 원리는 ㉠ 생산의 표준화 ㉡ 부품의 규격화 ㉢ 컨베이어시스템(유동조립식 생산 공정체제)이다.

④ 오늘날의 작업의 능률성을 보장하는 컨베이어시스템의 원리적용과 기업이윤의 사회 환원의 경영이념은 중요한 의의가 있는 것이다.

3. 과학적 관리론의 특징

① 기계적 능률관: 능률성을 제일의 가치로 조직과 인간을 기계부품시한다.

② 합리적 경제인관: 생산자는 물질적 유인만을 동기부여의 요인으로 열심히 일을 하며, 그렇지 않으면 게으름을 피우는 존재로 인식하고 있다.

③ 능률지상주의: 조직운영의 합리적 가치기준을 능률성에 두고 있다.

④ 조직관: 공식적 조직만을 인정하며, 비공식 조직은 능률성과 생산성 증대에 별로 도움이 되지 않은 것으로 보고 인정하지 않는다.

⑤ X론적 인간관리: 인간을 바라보는 관점은 본래 인간은 수동적(피동적)으로 인식하고 자신의 개인적 이익추구를 먼저 생각하기 때문에 민주적 관리방식과 인간적인 관리방식은 조직을 관리하는 데 효과가 없으므로 인간적인 면은 도외시한다는 관점이다(몰인간화).

⑥ 폐쇄적 관점: 조직내부에 초점을 맞춘 이론으로서 조직은 환경과의 상호작용이나 환경의 영향 등은 무시된 관점을 말한다.

⑦ 생산자를 관리하는 측면만 연구하였으며, 관리자에 대한 관심은 전혀 없었다.

⑧ 과학적 생산향상 기법 중시: 과학적인 방법을 통한 작업과정과 업무수

행실적을 표준화할 수 있으며 전문화·분업화를 중시한다.

4. 과학적 관리론의 공헌과 한계

(1) 과학적 관리론의 공헌

① 과학적 관리론의 정치행정이원론의 관점이 공공부문에 적용되어 능률성 제고의 측면에서 정부조직운영에 지대한 영향을 주었으며, 그 당시 행정조사방법의 개념도입과 행정개혁운동의 원동력이 되었다.

② 과학적 관리론의 영향: 공직의 능률성을 확보하기 위한 공직분류제도인 직위분류제의 성립과 더불어 법제, 직책, 절차 등의 합리화를 추구하는 이론적 근거를 제공하였다.

③ 행정을 권력현상으로 보지 않고 행정관리설과 함께 공공사무의 능률지향적 관리현상으로 파악함으로써 공사행정일원론을 성립시켰다.

④ 그 밖에 행정의 과학화와 엽관주의의 폐단을 극복하는 데 기여하였다.

(2) 과학적 관리론의 한계

① 능률지상주의: 공익달성과 가치배분도 해야 하는 행정조직에 있어서는 한계가 있다. 즉 공익에는 가치의 측면도 포함되기 때문에 능률성을 전제로 한다면 공익달성과 가치창출에 저해되는 개념으로 작용할 수 있기 때문이다. 그러므로 능률성은 낮아지더라도 행정은 공익을 추구해야 하며 가치의 배분도 해야 하기 때문이다.

② 기계적 능률관: 생산성과 능률성을 높이기 위해 인간을 생산 공정과정에서 하나의 기계화·부속품화하려는 인식은 인간의 가치와 존엄성의 문제를 심각하게 하고 있다. 즉 인간은 조직의 종속변수에 불과한 것으로 인식하고 있다.

③ 합리적 경제인관: 능률성에 영향을 미치는 요인으로 인간의 사회적·

심리적인 요소는 인정하지 않는 합리적 경제인관으로 인식했다. 여기서 합리적 경제인관이란 인간은 평소 일하기를 싫어하고 조직의 목표보다는 개인적 이익을 우선시하는 보수에 많은 집착을 가진 존재라고 생각했다. 따라서 월급과 보수와 같은 외재적인 요인만을 만족시켜주면 능률성은 향상될 것으로 보았다.

④ X론적 유형 관리: 과학적 관리론에서는 인간은 피동적·합리적·이기적 인간으로 인식했기 때문에 사회 심리적 측면을 고려하지 않고 인간을 통해 능률성을 확보하기 위하여 기계적 능률관을 바탕으로 관리해야 한다는 비민주적 관리기법을 중시하였다.

⑤ 폐쇄형 조직관: 사회현상에서 존재하는 조직은 환경과의 상호작용을 하는 개방체제로서 완전한 폐쇄체제는 존재하지 않는다. 고전적 이론인 과학적 관리론은 조직내부요인에만 관심을 가진 이론으로 외부환경요소와의 상호작용은 전혀 고려하지 않은 폐쇄형 조직이론이라고 비판받고 있다.

⑥ 테일러는 생산자수준에서의 연구는 현실적으로 유효했으나, 이들을 관리하는 관리자에 대한 연구가 부족했다.

⑦ 공식조직만을 인정했으며, 비공식조직은 능률성과 생산성에는 저해요인으로 인식하여 X형 인간으로 관리하면 된다는 것이다.

02 사회심리학적 접근방법(인간관계론)

1. 개념

인간관계론은 테일러의 과학적 관리론의 한계를 지적하면서 과학적 관리론을 전면 부정하지는 않았으며, 관점을 달리하여 인간의 내면적 심리 측면을 강조한 인간관리 이론이다. 하버드 Mayo 교수는 호오손 공장실험을 통

해 조직구성원을 사회적 동물이라고 인식하고 인간과의 관계나 심리적 요
인을 중점으로 관리하면 능률성과 생산성을 향상시킬 수 있다고 주장했다.

2. 인간관계론의 내용 및 특징

(1) 사회적 능률관: 과학적 관리론에서는 기계적 능률관을 강조했지만 인
    간관계론에서는 인간은 합리적이고 경제적인 보상과 같은 측면을 우
    선시하기보다는 인간관계의 개선이나 인간의 사회심리학적, 감정적인
    측면에 더욱 치중하여 관리해야 한다는 인식이다. 다시 말해서 능률
    성은 생산자의 사회 심리적 요인의 충족 여하에 따라 좌우된다고 본
    다. 인간은 사회적 동물로서 작업환경개선과 같은 직장에 대한 만족
    감보다는 인간과의 원만한 관계로 인해 열심히 생산 활동을 한다고
    인식하는 관리기법의 이론이다. 예를 들어 공장의 작업자는 물질적인
    측면보다는 관리자의 인간적인 대우나 요구를 잘 수용해서 관리해 주
    었을 때 작업자는 만족을 느끼고 더욱 열심히 일을 한다는 것이다.

(2) 비공식 집단의 중시: 사회적 능률관을 실현하기 위한 수단으로 비공식
    조직(각종 사적 모임)을 통해 구성원들이 더욱 사회심리학적 측면의
    욕구를 충족하도록 인정한다. 그러나 비공식 조직만을 강조한 것이
    아니라 공식 조직과 비공식 조직과의 조화도 필요하다.

(3) 민주적 조직관리: 작업자의 능률성 향상을 위해서는 조직 내 상하 또
    는 횡적인 의사전달의 원활과 민주적 관리를 강조하고 있다.

(4) 인간의 피동성과 능률성 강조: 인간관계론에서도 과학적 관리론과 마찬
    가지로 인간을 수동적으로 인식하며, 능률성을 강조하지만 인간을 보
    는 관점과 관리기법은 과학적 관리론과는 다르다. 인간관계론에서의
    궁극적 목표는 경영과 행정에서의 능률성 향상이다.

(5) 호오손 공장실험: 호오손 공장에서 메이요 교수는 조명실험, 계전기조
    립실험, 면접실험, 뱅크선 작업 실험에서 작업환경, 근무조건, 휴식,

임금 등 보다 관리자의 인간적인 대우나 구성원 간의 친밀한 관계와 분위기 등과 같은 사회 심리적 요인이 생산성 증진에 더욱 중요한 작용을 하였다는 것을 발견하였다.

(6) 협동주의와 집단주의를 통해 생산성 향상을 추구하기 때문에 팀워크를 중시한다.

3. 인간관계론의 공헌과 한계

(1) 인간관계론의 공헌

① 조직론적 측면의 발전: 과학적 관리론(고전적 조직이론)에서는 기계적 능률관을 강조하며, 조직을 목표달성을 위한 수단과 도구로 인식하는 조직관에서 인간관계론(신고전적 이론)에서는 인간중심적 문화를 중시하고 조직에서의 구성원에 대한 관심과 합리적인 관리를 강조하는 조직관의 개선을 가져왔다. 따라서 공식조직 중심에서 비공식 조직을 인정하는 조직의 합리화를 추구하였다.

② 인간에 대한 인식 변화: 과학적 관리론의 합리적 경제인관(인간의 경제적인 욕구를 강조)에서 인간관계와 같은 사회적 심리를 강조하는 사회적 능률관으로의 인간에 대한 인식의 변화를 가져와 민주적 요소가 조직과 인간에 가미되기 시작한 점은 높이 평가된다.

③ 관리방식의 변화(X에서 Y로의 변화): 인간은 본래 피동적이고 게으름을 피우는 미성숙(아지리스의 미성숙 이론)하며, 조직의 이익보다는 개인적 이익을 먼저 추구하고, 생리적 욕구나 안정의 욕구 추구(메슬로우의 5단계 욕구이론의 1, 2단계)수준이므로 이에 맞는 관리를 해 주면 된다는 X론적 인간관리 관점에서 사회 심리적 측면이 만족되면 더욱 더 조직의 목표에 기여한다는 인식에서의 관리방식인 Y로의 변화다. 즉 민주적 조직운영방식과 인간 관리의 인식기초를 마련하였는데, 오

늘날의 공무원의 인간적 요소를 중시하며, 사기를 높이는 제도로서 인사상담제도, 고충처리, 제안제도 등으로 발전되었다. 이는 조직에서 의 원활한 의사전달의 강조와 민주적 리더십 등 인간중심적 조직 관 리와 맥을 같이하고 있다.

④ 행태과학에 영향: 인간관계론은 인간의 심리적 측면을 강조한다. 심리 학적 측면이란 겉으로 나타나는 인간의 행태를 말하는 것으로서, 이 를 객관화하고 연구하려는 후기 인간관계론(동기부여이론, 조직행태 학)에 영향을 주었다. 또한 면접기법에 영향을 주었다.

(2) 인간관계론의 한계

① 물질 지향적·합리적·경제적 요인 경시: 인간은 물질 지향적이며 경제 적인 요인에 관심이 많은 것이 당연한 것임을 무시하고, 비경제적· 인간적 요인을 너무 지나치게 강조했다. 실제 인간관계론에서는 작업 조건 및 작업환경의 개선 등도 직무수행의 동기부여를 가져올 수 있 다고 보았으나 보수와 같은 경제적인 면보다 더욱 우선시했다는 점이 비판대상이 된다. 이러한 점을 과학적 관리론자들은 포드즘(고임금, 저가격)과 인간관계론자들을 백색사회주의라고 비판하였다.

② 합리적·공식적·제도적 측면 무시: 인간적 요소에 너무 집착하여 합리 적(객관성 강조)이고 공식적인 조직 활동을 제한시켰으며, 공식과 비 공식 간의 개념차이를 모호하게 만들었다.

③ 폐쇄적 조직관: 과학적 관리론과 마찬가지로 조직 내부에서 발생하는 현상(개인과 공식조직 간의 관계, 비공식 조직 중심)을 중심으로 한 관리기법을 고안해 낸 것이므로 외부환경과의 상호작용을 고려하지 않았다.

④ 직무중심의 동기부여 무시: 사회 심리적 욕구의 충족을 지나치게 강조 한 나머지 직무자체를 통한 만족감 등은 간과하고 있다.

⑤ 생산자 중심의 연구: 관리자보다는 생산자 중심의 연구에 국한되어 효

율적 조직운영을 위한 합리적 대안을 제시하는 데는 한계가 있다. 과학적 관리론과 마찬가지로 관리자에 대한 연구와 분석은 없었다.

⑥ 자아실현추구 욕구의 과소평가: 사회적 동물이라는 점을 강조하여 인간관계 개선 등과 같은 면에서는 공헌을 하였으나 인간은 조직을 통해 자아실현을 추구한다는 욕구를 과소평가하였다. 다시 말해서 일체감, 소속감 등의 사회 심리적 욕구의 충족이 직무수행과 직접적인 상관관계가 있다고는 볼 수 없다는 점이 문제시될 수 있다.

⑦ 조직에 대한 이분법적 시각: 인간을 합리적인 측면과 비합리적 측면으로, 조직을 공식조직과 비공식조직으로 이분법적 시각에서 파악함으로써 이들 양자가 상호 조화된다는 현실적인 면을 인식하지 못했다.

4. 과학적 관리론과 인간관계론의 특징 비교

(1) 유사점

① 능률성 및 생산성 강조: 능률성과 생산성 향상을 위한 관리노력의 측면에서는 두 이론이 동일하다. 단지 인간을 바라보는 관점과 인식을 달리함으로써 인간과 조직관리 방식이 다르다.

② 관리방법: 양자 모두 과학성을 바탕으로 한 관리방식을 취하고 있다.

③ 인간에 대한 공통된 인식: 두 이론 모두 인간에 대해 피동적·수동적인 면은 동시에 인정하고 있다.

④ 조직목표와 개인목표의 불일치성 수용: 조직목표와 개인의 목표는 일치하지 않는다고 인정하고 있다. 즉 인간은 조직의 목표보다는 개인의 목표달성과 이익을 우선으로 한다는 것이다. 단지 조직과 개인의 목표를 균형 시키려면 과학적 관리론은 저해요인을 제거해 주면 가능하며, 인간관계론은 관리자가 의식적 노력으로 조화시켜야 한다고 보고 있다.

⑤ 보수적 및 정태적 사고·폐쇄관점: 두 이론 모두가 환경의 영향을 고려하지 않은 보수적이고 정태적인 사고와 더불어 조직관은 폐쇄적이다.

⑥ 생산자 중심의 연구: 양자 모두 생산자를 대상으로 연구하였으며, 관리자에 대한 연구는 이루어지지 않았다.

⑦ 외재적 요인에 의한 욕구충족: 조직구성원의 욕구충족과 동기부여의 요인을 내면적·주관적 가치기준에 두지 않고 모두 획일적으로 동일한 것으로 인식하고 경제적 측면과 집단성에 의한 유인과 같은 외재적 요인에 두고 있다.

(2) 차이점

기 준	과학적 관리론	인간관계론
대표학자	F. W. Taylor	E. Mayo 교수
실험근거	시간 및 동시동작 연구	호오손 공장의 실험
인간관	합리적 경제인관	사회 심리적 인간관
능률관	기계적 능률관	사회적 능률관
조직관	합리적, 기계적, 공식적	비합리적, 비공식적, 집단중심 강조
추구이념	능률성	민주성
인간유형과 인간관리 방식	권위적(X론적 인간관리)	민주적(Y론적 인간관리)
의사전달체계	하향적, 강제적	상향적, 하향적, 자발적
동기부여요인	경제적 요인(보수)	사회 심리적 요인(안정감, 소속감)
연구방법	원리적 접근방법	경험적 접근방법
조직이론과정	고전적 조직이론	신고전적 조직이론
공통점(요약)	① 인간을 피동적이고 수동적으로 인식 ② 폐쇄적 조직관, 보수적, 정태적 관점 ③ 생산성과 능률성 강조 ④ 외재적 요인이 동기부여 발생 ⑤ 관리자 중심이 아닌 생산자(하급자) 중심 연구 ⑥ 인간을 조작 가능한 대상으로 인식 ⑦ 조직과 개인의 목표가 일치하지 않음을 지적하고 조화의 필요성 인식	

03 행태론적 접근방법

1. 의의

(1) 행태론이란 개인행태의 과학적, 경험적, 심리학적 연구를 의미한다. 여기서 행태란 인간의 내면적인 특성이나 가치세계, 인식체계가 겉으로 나타난 객관적이고 규칙적인 사실들을 말한다(규칙적, 반복적인 행위와 태도, 개성 등). 그러므로 행태는 규칙성을 가지고 있고, 또한 객관적으로 실증가능하며, 과학적으로도 분석이 가능한 객관적 실체이다. 따라서 의사결정과정에서 개인과 집단이 나타내는 행태로부터 행정현상을 설명해 내고 분석이 가능하다고 보는 것이다.

(2) 행태주의에서는 이미 실체로 존재하고 있는 합리적인 조직·제도·절차 등을 연구대상으로 삼았던 전통적 접근방법과는 많은 차이가 있다. 또한 Simon의 행태주의가 나온 배경은 이전의 행정관리설과 통치기능설은 정치와 행정과의 분리 또는 일원화 등을 기초로 논의되어 온 비과학성에 대해 회의적이었기 때문이다. 특히 행정관리설의 주요 학자인 Gulick과 Urwick이 주장한 명령통일의 원리·통솔의 범위·전문화 및 조직편성의 원리 등 모든 조직 원리들이 능률향상을 위해서 일관성을 가지고 조화되는 것이 아니라 서로 상충하며, 하나의 기준이나 개념에 불과하다고 주장했다.

(3) 사이먼은 고전석 행성이론의 원리주의는 과학성을 결여했다고 비판하면서 행정을 과학성을 바탕으로 독자적인 과학의 한 분야로서 자연과학적 연구방법의 도입을 통한 하나의 이론으로 정립하고자 한 것이다. 따라서 자연현상(사실)과 사회현상(가치)의 분리를 통해 연구가 가능한 것으로 보고 있다.

2. 행태론의 내용 및 특징

(1) 논리적 실증주의

인식론적 기초를 논리적 실증주의에 두고 있는데, 논리적 실증주의란 사회현상도 자연현상처럼 실험과 관찰을 통해 계량화가 가능하며, 검증할 수 있다고 보는 이론이다.

① 행정현상에서 가치와 사실을 분리하고 사실명제에 연구범위를 국한시켜 객관적인 사실의 문제를 다루려고 한다. 인간의 행태 또한 외면적으로 나타난 객관적인 사실로써 규칙성을 가지고 있기 때문에 계량화(양적 표현, 데이터 처리, 수치화) 가능

② 개념의 조작화가 가능(조작주의): 경제지표로 그 나라의 경제수준 및 생활수준을 표현

③ 귀납적 연구방법 사용

(2) 미시적 접근: 방법론적 개체주의

특정질문으로 파악할 수 있는 개인이나 집단의 가치관, 태도, 신념체계, 행동양식 등도 연구대상인 행태에 포함시키고 있으며, 집단의 의사결정과정에서의 개인의 행태를 분석단위로 연구하므로 미시적 분석이며, 집단의 고유한 특성은 인정하지 않는 방법론적 개체주의를 강조하고 있다.

(3) 사회심리학적 접근방법

행정의 모든 현상은 관료들의 의사결정과정을 통해 이루어지며, 행정은 의사결정과정을 통해 합리적으로 목표를 달성하기 위한 실체이다. 행정은 이러한 의사결정과정에서 발생하는 여러 수단과 기제를 중심으로 이루어지는 사회심리학적 현상(갈등과 권위의 연속적인 작용)이라고 보고 있다. 이러

한 사회심리학적 현상을 대상으로 과학적인 이론의 정립을 시도한 것이다.

(4) 정치행정이원론(공사행정일원론)

행태론은 정치행정이원론으로서 가치의 문제를 배제하고 사실을 지향한다. 따라서 의사결정과정에서도 가치와 사실적인 것을 엄격히 구별하며, 객관적 현상을 대상으로 하고 개인적이고 주관적인 경험이나 주장은 받아들이지 않는다. 즉 주관적인 것은 비과학적이라는 것이다.

행태론에 관련된 용어 정리

Simon, 객관성, 과학성, 논리적 실증주의, 사실지향(=가치배제=가치중립성), 계량화, 조작적 정의, 행정문화 중시, 정치행정이원론, 공사행정일원론

(5) 행정문화와 협동 과학적 성격

인간의 겉으로 나타난 행태는 그 집단의 가치관, 인식과 신념체계 등과 같은 행정문화에서 나온 결과이므로 행정문화를 연구하는 것은 중요하다고 보지만 집단의 특성을 인정하지 않고 있다. 또한 행태로는 고유 행정학의 영역이 아닌 심리학, 사회학, 문화인류학, 통계학 등을 통한 분석과 설명이 필요하므로 학문적 협동성이 강하다.

3. 행태론의 공헌과 한계

(1) 공헌

① 행정의 과학화: 행태론은 행정학의 이론적 정립과 과학화를 추구하였으며, 행정학의 정체성 위기를 극복하려 했다.

② 행정의 주관성 배제: 행정과정에서 주관성을 배제하고 객관성과 계량화를 강조함으로써 합리적인 판단기준을 강조하였다.

③ 학문적 업적: 의사결정과정에서 인간의 행태를 연구함으로써 권위, 갈등, 조정, 동기부여, 리더십 등에 관한 이론이 체계적으로 발전할 수 있도록 한 업적이 인정된다.

(2) 한계

① 미시적 관점의 연구: 사이먼은 행정학의 정체성 위기를 극복하고자 과학성을 너무 지나치게 강조함으로써 사실적인 면에 치중하였던 바, 연구범위와 대상이 제약되는 한계점을 보였다.

② 가치판단 배제의 비현실성: 자연현상과 달리 사회현상에서 가치의 문제를 배제하고서는 어떤 목적과 의미를 찾기 어렵다. 특히 오늘날 행정현상은 가치와 사실이 혼합되어 추구되고 있는 것으로 보아 지나친 가치판단의 배제는 보수적이며 비현실적이다. 모든 정책도 가치추구가 전제로 깔려 있으며, 이를 달성하는 사실의 측면과 일련의 복합된 과정이 행정인 것이다. 이러한 측면에서 행정의 특수성이 무시될 수 있다.

③ 행태적 요소의 비객관성: 행태론은 인간의 겉으로 표현된 행태를 중심으로 연구하는 이론이므로 인간의 행위가 내면의식을 그대로 표현한다는 것을 가정으로 한 것이다. 그러나 의사결정과정에서 자신의 의사를 표현하는 여러 가지 행태를 통해 행정현상을 이해하는 것인데, 권위적인 집단문화, 폐쇄적, 이중적 사회에서는 내면적인 의식과 겉으로 나타난 행태가 다를 수도 있다. 이러한 점은 행태론에서는 객관화하고 검증할 방법이 없어 판단오류가 발생할 수도 있는 한계가 있다. 따라서 권위적 행정문화가 팽배한 신생국과 공산주의국가 행정에 적용하기는 어려움이 있다.

④ 환경변수 무시: 사회심리학적 접근방법의 행태론은 인간행동의 규칙성

을 전제로 인간행위에 대한 일반이론을 찾는 것이므로 환경변수는 고려되지 않은 보수적·정태적 이론이며 현상 유지적 성격이 강한 이론이다. 행태론은 1960년대 말 진단의 행태론에서 사회현상에 대한 처방적 성격이 강한 신행정학이 대두되면서 비판을 받게 된다.

04 생태론적 접근방법

1. 생태론의 개념 및 특징

(1) 의의

생태론적 접근방법이란 유기체와 환경과의 상호의존작용관계를 설명하고 이해하려는 이론을 말한다. 유기체란 모든 요소가 서로 유기적 관계를 가지고 전체를 구성하고 있는 것을 말하며, 조직은 하나의 유기체이다. 행정조직도 하나의 유기체로 인식하고 행정조직과 행정환경과의 상호작용을 논하는 것이 생태론이다. 여기서 환경의 개념은 자연으로 국한되지 않으며 조직에 영향을 줄 수 있는 정치적·경제적·사회문화적·물리적·자연적·인간적 요소 등이 모두 포함된다. 생태론은 환경을 독립변수로 보고 이에 잘 적응해 나갈 때 조직의 효과성 등이 증진된다고 본다.

(2) 대두배경 및 발전

① 비교행정론의 성립: 제2차 대전의 승전국이 된 미국은 신생독립국에 대한 효율적인 대외원조정책의 추진과정에서 많은 실패를 경험하게 되어 비교행정론을 성립시켰다. 즉 후진국의 행정문화를 포함한 행정환경이 미국의 행정환경과는 상이하기 때문에 그들의 정책은 효율적

으로 적용되기 어려움을 인식하면서 후진국의 행정환경연구의 필요성이 대두되었다. 각국의 행정문화를 비교하여 보편적인 행정이론의 모색이 그들에게는 중요한 문제로 인식하면서 발전하였다.

② 전통적 행정현상연구 방향의 전환 필요: 전통적 행정연구방법은 폐쇄적이고 정태적인 제도나 구조중심의 기술적 연구방법으로서 환경을 배제시키고는 현실적인 행정현상을 설명할 수 없는 것에 대한 한계를 인정하게 되었다.

③ 미국의 환경여건과 행정이념: 미국과 같은 거대한 국가일수록 환경요소의 영향은 매우 크며, 특히 민주성을 강조하는 미국의 행정은 국민을 비롯한 사회집단의 요구를 적극 수용해야 한다는 정치 행정적 가치가 팽배하기 때문이다.

(3) 특징 및 한계

① 결정론적 조직이론: 환경에 대한 관계는 거시적 조직이론에서 볼 때 조직이 환경에 수동적 입장을 강조하는 거시적 조직으로서 결정론에 속한다(반대는 환경에 대한 능동적 입장인 임의론). 그러나 인간은 환경과 상황에 능동적으로 대처하여 조직의 효과성을 증진시키는 노력과 능력이 있음을 간과함으로써 인간적 요인을 무시하였다.

② 행정의 개방체제·상호의존성: 고전적 이론(과학적 관리론)과 신고전적 이론(인간관계론)은 폐쇄체제이며, 생태론은 환경과의 상호작용을 통해 행정을 이해하려는 개방체제 이론이다. F. Riggs는 전통적이고 사회문화적인 요소들을 들고 있는데, 행정의 내용이나 운영은 행정 외적인 요인들에 의해 영향을 받고 결정된다는 것이다. 따라서 포괄적이며 종합적인 설명을 가능케 한다.

③ 거시적 분석: 생태론은 조직 내에서 발생하는 현상을 분석하는 미시적 이론이 아니라 분석의 단위가 조직 전체를 놓고 분석하는 거시적 분석이다. 개별적인 행위자의 수준보다 집합적 행위의 수준에서 행정현

상을 설명한다. 정치나 경제·과학기술·문화 등이 행정에 어떤 영향을 주었는가를 설명하기 때문에 전체적이고 집합적인 설명을 하고 있다. 그러나 행정현상을 집합적이고 거시적인 입장에서만 설명하기 때문에 개별적으로 행동하는 행정단위들을 설명하지 못하고 있다.

④ 변수와 처방성: 환경은 독립변수로 존재하며, 조직은 환경에 의해 수동적으로 대처하는 종속변수로 이해하고 있다. 따라서 현실에 대한 진단과 설명은 가능하지만 환경의 문제를 해결하는 처방적 이론은 되지 못했다.

⑤ 행정의 과학화에 기여: 생태론은 신생국 행정의 특징에 대해 연구함으로써 처방적이기보다는 행정과 정치의 관계를 인식하는 과학화에 기여하였다. 그러나 환경과의 순환적 인과관계에 따라 행정의 기능과 행태가 결정된다고 보므로 신생독립국의 발전이나 근대화 전망에는 소극적·비관적인 태도를 보인다. 즉 행정의 동태적 사회변동기능과 행정 관료의 변화노력을 간과했다.

⑥ 정태적 균형이론: 조직을 환경의 종속변수로 보는 생태론은 구조 기능적 분석에 입각한 정태적 균형이론으로서 사회변동에 대한 설명이 불충분하다. 정태적 균형이론이란 행정환경과의 균형관계만을 중시하는 이론이다. 정치·경제·사회·지리·문화 등의 여러 가지 환경적 요소들이 복합적으로 행정에 영향을 끼칠 때에 어느 요소가, 어떤 방법으로, 어느 정도의 영향을 끼쳤는가를 세밀하게 분류 측정이 어렵다는 것이다. 또한 행정의 목표나 방향을 제시하지 못했으며, 행정의 적극적 역할의 능력을 간과했다.

⑦ 행정 자체의 독자성과 논리성 결여: 환경적 요소의 절대적 영향을 중시한 나머지 행정은 자체의 고유영역과 논리를 무시하였다. 예를 들어 행정은 어떠한 정치체제에서나 어떠한 행정환경에 영향을 받을지라도 봉사성 같은 가치를 포기할 수는 없기 때문이다. 또한 행정이 지향해야 할 목표나 이념에 대해서 전혀 언급하지 않았다는 문제점이 지적된다.

⑧ 일반이론화의 실패: 리그스도 일반체제이론모형을 제시하지만 보편적인
상황에도 적용 가능한 이론으로 발전하지는 못했다.

2. Gaus의 생태론

John Gaus는 미국 정부와 행정에 영향을 미치는 환경요인을 연구한 결
과, 주민(국민, people), 장소(place), 과학기술(physical technology), 사회기술
(social technology), 희망과 사고능력(wishes and ideas), 재난(catastrophe), 인간
성(personality)의 7가지 요인으로 정리했다. 이러한 요인들에 의해 행정의
내용이 결정된다고 주장했다.

3. Riggs의 생태론

(1) 의의

① F. Riggs는 생태론의 대표적 학자로서 서구중심적인 결정론적 견해에
　 입각하여 일반체제이론모형을 제시하였지만 결과적으로는 실패하였
　 다. 행정체제는 전체체제와 하위체제라고 설명하면서 행정체제는 그
　 를 둘러싸고 있는 다른 하위체제들과의 상호관계하에서만 이해할 수
　 있다고 주장한다. 즉 후진국의 행정체제는 후진국의 행정환경인 사회
　 문화적 배경 등을 이해하지 않고서는 설명할 수 없다는 것이다.
② 생태론의 연구방법은 구조 기능적 분석에 기초하는데, 행정의 생존성
　 증진을 위해서 체제의 고유기능을 수행하고 있다. 구조기능분석이란
　 이러한 체제의 기능이 일정한 구조(체제, 조직)에 의해 실제로 어떻게
　 수행되고 있는가를 분석하고 설명하려는 시각이다. 구조 기능적 시각
　 을 토대로 체제 간의 비교와 구조와 기능 간의 차이점을 발견해 낼
　 수도 있다.
③ 리그스는 사회를 농업사회와 산업사회로 나누고(이원론), 각 사회는

각자 고유의 행정체제를 갖고 있다고 본다. 후에 비판을 받은 그는 농업사회에서 산업사회로 전이되는 과정에서 나타나는 과도 사회를 추가하여 설명하였다(삼원론). 그 과도기적 사회를 프리즘사회(전이사회, 신생독립국, 제3세계, sala모형)라고 부른다. 이 사회에서는 농업사회도 아니고 산업사회도 아닌 중간의 형태로서 두 사회의 특징을 다 가지고 있다는 것이다.

(2) 농업사회와 산업사회의 특징

Riggs는 사회이원론을 새로운 개념으로 발전시켜 농업사회(전통사회, 융합사회)와 산업사회(현대사회, 분화사회)로 나누고 5가지 환경변수를 기준으로 양 사회의 차이를 비교·설명하고 있다. 5가지 환경변수는 ① 정치체제 ② 경제적 여건 ③ 사회구조 ④ 이념 ⑤ 의사소통이다.

농업사회와 산업사회의 특징 비교

구 분	농업사회	산업사회
정치체제	• 정치권력의 근본은 하늘(천명, 天命) • 행정의 권력집중과 자의적 권한행사	• 정치권력원천은 국민 • 국민을 위한 행정
경제여건	• 자급자족 경제체제 • 행정의 역할 단순: 질서유지 기능	• 시장경제 중심 • 행정역할의 다양성
사회구조	• 혈연 및 인적 요소적 1차 집단 중심	• 기능 및 업무중심, 실적강조
이 념	• 비합리적 판단과 인식	• 경험적 및 합리성 강조
의사소통	• 국가 – 국민 간 의사전달 미흡 • 권력의 상의하달, 집권화	• 국가 – 국민 간 의사소통 원활 • 하의상달, 분권화

(3) 프리즘적 사회의 특징

① 고도의 이질성: 전통적 사회인 농업사회와 현대적 사회인 산업사회의 요인이 혼합된 특징을 나타내고 있다. 즉 기능이 분화된 현대사회와 가부장적이고 가산적 관료제와 같은 전통적 가치가 지배하는 사회의 특징을 나타내며 두 사회가 동시에 같은 시대에 존재한다.

② 기능의 중첩과 중복: 사회적인 기능의 분화와 미분화가 공존하여 합리

적인 요소와 비합리적인 요소들이 중첩되어 있다. 여기서 기능의 분화란 각 요소의 역할이 나누어져 있다는 것이며, 미분화는 하나의 요소가 여러 가지 역할을 동시에 수행하고 있는 것을 말한다. 예를 들어 진화된 생물은 몸체가 각 기능별로 세분화되어 각자 역할이 다르지만 단세포 동물은 먹고 배설하는 기관이 하나로 되어 있는 것을 말한다.

③ 다분파성: 공식적 법과 제도, 구조가 형성되어 있지만 현실적으로는 혈연이나 지연 등의 파벌과 도당이 영향력을 행사하는 사회이다. 즉 공식적 관계에 혈연과 지연으로 연결된 공동체를 중심으로 파벌이 형성된다.

④ 연고 중심적 사고틀: 실적주의보다는 정실주의적 요소를 통한 공직임용방식이 아직도 상존하고 있으며, 공식조직 내에서도 이러한 기초적 인간관계적 요소가 많이 작용하고 있다.

⑤ 형식주의: 공식적 행동규범이 존재하면서도 실제와는 많은 차이로 형식적인 요소가 존재하고 있다.

⑥ 다규범성: 인간의 행동기준인 규범이 현대적인 요소와 전통적 요소가 다양하게 적용되어 사회적 행동기준이 모호하다.

⑦ 가격의 다양성: 시장에서의 가격기구가 제대로 작용하지 못하여 가격의 다양성과 불안전성을 띤다. 즉 물물교환시대의 가격형성과 판매자가 필요에 의해 소유물을 유동적으로 판매하는 경우의 가격이 존재하며 시장 메커니즘이 적용된 가격과의 이중적인 현실이 존재하여 일정한 가격을 설정하기 어려워진다.

⑧ 가치의 응집현상: 다원주의 사회처럼 권력의 중심이 사회 내에 골고루 배분되어 있지 못하고 소수의 지배엘리트에 의해 국가와 사회 전체의 가치가 설정되고 움직여진다. 따라서 공직자에 대한 국민의 높은 평가를 기대하기 어려우며 민주행정의 구현이 어렵다.

⑨ 양초점성: 행정과정에서 공무원의 권한이 법과 규정에 의해 정해져 있으며, 그 권한도 상당히 제한되어 있으나 실제상으로는 국민에게 법

을 초월한 영향력을 행사하는 이중적 특징을 나타낸다.

⑩ 상용성: 사회를 통제하고 운영하는 기준인 규범이 전통적인 것과 현대적인 것이 병존하는 현상을 나타낸다.

⑪ 신분 계약관계의 혼합: 현대 사회의 모습 아래 권리의무관계가 법적·직무상으로 전통적인 신분상의 질서와 혼재되어 있다. 즉 권리와 의무, 계약관계가 법적·공식적으로 설정되어 있으나, 실제로는 사회적 지위나 신분의 영향이 더욱 크게 작용한다(조선시대의 양반과 평민상의 계약관계에서 양반이 유리한 위치에서 계약을 체결하거나 위반하는 불공평한 경우).

⑫ 천민자본주의(파리아 자본주의): 신생독립국의 경제발전과정에서 흔히 나타나는 현상으로서 자본이 부족한 기업은 자본조달을 위한 능력부족으로 정부의 도움이 필요하게 됨으로써 정경유착이 심하게 발생하며, 기업은 국가발전을 위한 기업 활동보다는 이윤추구를 위한 단기적 전략으로 비정상적인 소비재 생산에 집중하는 미시적이고 저속한 자본주의적 행태를 갖는다.

⑬ 과도기적 사회현상: 신생독립국 대부분이 프리즘적 사회의 특징을 갖게 되는데, 권위주의적 군사정권이나 급속한 경제성장을 추구하려는 국가의 개혁활동에서 정치경제적·사회문화적 불안정을 보이고 있다. 통치국으로부터 물려받은 것은 오로지 권위적 국가조직과 제도일 뿐이며, 민간자본도 경제발전을 위한 제반여건이 미흡한 상태에서 많은 모순과 부작용이 나타나 모든 분야에서 불안정한 사회현상을 겪게 된다.

1. 체제론의 개념

(1) 의의

행정조직과 행정현상을 하나의 체제로 보고, 이들을 이해하고 설명하는 방법이다. 여기서 체제(시스템, system)란 각 요소들이 상호의존하면서 환경과 상호작용을 하는 통일성 가진 하나의 전체(유기체)를 말한다. 행정조직은 환경과 끊임없이 상호작용하는 개방체제로 전제하고 행정과 환경 및 행정의 하위체제 간의 관계 등을 규명한다.

(2) 상위시스템과 하위시스템

시스템은 환경으로 둘러싸여 있는데, 그 환경은 직접환경과 간접환경으로 나누어진다. 직접환경은 상위체제에서 자신을 제외한 것을 말하며, 직접환경을 제외한 상위체제 이상의 체제가 간접환경이다. 예를 들어 대한민국, 서울시, 각 구로 이어진 체제의 계층성에서 설명하면 서울시의 직접환경은 대한민국에서 서울시를 제외한 경기도 등 다른 도를 말하며, 일본과 중국 등 다른 국가들은 간접환경이 된다. 체제와 직접환경은 상호 물질과 에너지를 교환하는데, 오랜 시간이 지나면 체제는 직접환경을 닮고 직접환경은 체제를 닮는 거울효과가 발생한다.

(3) 개방체제

체제는 환경과 투입, 전환 산출, 환류의 과정을 끊임없이 반복하는 과정에서 생존해 나간다. 따라서 환경과의 관계를 설명하면서 조직 내부(개인,

집단 중심)중심인 미시적 관점이 아니라 행정조직(행정체제)을 하나의 체제로 인식하려는 총체주의적·거시적 관점에서 출발한다. 또한 개방체제는 가치판단을 배제하고 체제를 물화시켜 연구하므로 인간 간 상호작용을 중시하는 현상학과는 다르다.

2. 체제의 특징

(1) 전체성과 경계성

하나의 체제는 각 하위체제로 구성되고, 그 하위체제는 환경과 관계도 하며, 각기 구별되는 고유의 경계를 가지고 있으면서도 통일된 전체로서의 집합체이다.

(2) 계층성(hierarchy)

체제(system)는 상위체제(supra − system)와 하위체제(sub − system)를 가지고 있으며, 그 하위체제는 또 다른 하위체제를 가지는 계층성을 띠고 있다. 예를 들어 서울시청은 하나의 전체체제로서 각 구청, 각 구청은 각 동사무소의 하위체제로 구성되어 있으면서도 각각의 업무적·공간적 영역을 가진 하위체제로서 목표를 달성하면서 환경과 상호작용을 한다. 그리고 대한민국은 서울시의 상위시스템이다.

(3) 등종국성(equifinality)

하위체제들은 경계성을 가지고 있지만 전체성에 의한 체제의 목표달성을 위한 전체적 기능에 합치되는 현상과 기능을 말한다.

(4) 상호관련성 및 의존성

전체 체제적 관점에서 각 하위체제들은 서로 기능적으로 연결되어 있으며 상호의존적 관계를 맺고 있다.

(5) 균형유지성(항상성, 恒常性, homeostasis)

체제는 환경과의 상호작용을 하면서 체제가 존속하기 위한 항상성·균형성을 견지한다. 즉 체제는 자기 유지에 혼란을 주는 요소가 투입되면 이것을 균형화시킴으로써 본래의 자기 상태로 돌아가려는 성향을 강하게 띠는 특징이다(자기조절과 기능). 또한 우리의 논의대상은 개방체제로서 체제의 생존성 확보를 위해 환경과의 끊임없는 상호작용을 한다. 그러므로 환경과의 동태적 균형을 말하며, 폐쇄체제는 정태적 균형에 해당된다.

(6) 엔트로피(entropy)와 역엔트로피(antientropy)

엔트로피란 열역학 에너지 법칙에서 나온 이론으로서 외부로부터 에너지를 공급받지 못하면 스스로 소멸되는 현상을 말한다. 따라서 폐쇄체제는 환경으로부터 에너지 등 생존을 위한 자원을 받을 수 없기 때문에 소멸되기 마련이며, 스스로 소멸하려는 현상을 엔트로피(entropy, 조직해체현상)라 하며, 반대로 개방체제는 항상성을 유지하며, 환경과의 상호작용으로 생존해 나갈 수 있다. 이렇게 개방체제에서는 환경으로부터 유입되는 에너지로 해체 또는 소멸되지 않고 계승·발전해 나가는 것을 역(마이너스, 부정적)엔트로피라 한다.
  ① 엔트로피: 불균형과 변화를 추구하는 긍정적 환류
  ② 역엔트로피: 균형과 안정을 추구하는 부정적 환류

(7) 4가지 기능의 반복

체제는 투입・전환・산출・환류의 기능을 끊임없이 반복한다. 투입(input)은 체제로 유입되는 유・무형적 재원이며, 전환(conversion)은 투입된 내용을 근거로 하여 체제 내에서 정책결정 기능을 통해 각종 정책결정과 정부활동으로 변환시키는 것이며, 산출(output)은 전환의 결과로 나온 정책・법령 등과 같은 것이며, 환류(feedback)는 행정통제 및 개혁 등을 말하며 다시 투입되어 수정 등의 역할을 수행한다.

(8) 역기능성

체제는 전체 체제의 공동목표를 추구하는 등종국성과 같은 순기능도 갖고 있지만 역기능도 동시에 가지고 있다.

(9) 구조적 분화성

사회 내의 각 체제는 구조적으로 점점 세분화되는 체제 분화적 경향으로 변화・발전하고 있다.

3. 체제의 기능

Parsons의 주장은 사회는 유기체로서 존재하며, 존속하기 위해서는 다음과 같은 4가지의 기능이 필요하다는 것이다. 유기체인 행정체제도 사회체제의 하위체제로서 파슨스의 4가지 AGIL의 기능을 수행한다고 강조했다.

(1) 적응기능(adaptation): 경제적 기능

환경변화에 적응하는 기능을 말하는데, 체제는 환경에 적응하기 위해 환경으로부터 인적・물적 자원을 동원한다. 행정체제도 적응을 위한 기능을 하는데, 인적자원의 동원의 예로서는 공무원의 모집과 채용이 해당되며, 물적 자원의 동원은 세금징수 및 행정활동을 위한 예산조달기능이 해당된다. 그 밖에 행정수요에 대응하는 다양한 기능을 수행한다. 경제적 기능의 의미는 자원의 합리적 배분과 경제성을 중시하는 기능을 말한다.

(2) 목표달성기능(goal attainment): 정치·행정적 기능

환경으로부터 동원된 인적·물적 자원을 체제 내에서 전환과정을 거쳐 조직의 목표를 달성하는 기능을 말한다. 여기서 정치 행정적 기능의 의미는 행정목표의 달성까지는 정치적 과정(투쟁 및 갈등과 협상)과 정치적 영향을 받으며, 또한 행정의 개별적 고유의 특수성을 포함하기 때문이다.

(3) 통합기능(integration): 정치·행정적 기능

체제의 각 구성요소를 체제에 맞게 효율적으로 조직화하고 조정·통제하는 기능을 말한다. 행정조직에서 나타나는 통합기능으로서는 전체적 기획·조정기능과 기관별·부처별 행정지도, 행정체제의 질서유지 또는 필요시 통합을 위한 제재기능을 말한다.

(4) 체제유지기능(latent-pattern maintenance): 문화적 기능

체제가 소멸하지 않고 존속해 나가는 유지기능을 말한다. 체제는 체제별 나름대로의 문화가 존재하며, 체제를 유지시켜 나가기 위해서는 조직이 지니고 있는 문화를 전승해 나가는 기능이 있어야 한다. 따라서 체제유지를 위한 각종 제도적 장치가 필요한데, 행정조직제도의 예로서는 각종 교육훈련의 실시, 상벌제도, 물질적 보상제도, 후생복지제도 등이 포함된다.

4. 행정체제와 환경과의 관계

(1) 환경(environment)

환경이란 체제 밖의 모든 부분으로서 체제에 자원, 정보 등 여러 가지의 에너지를 투입하는 주체로서 행정체제에 영향을 주는 것은 정치·경제·사회·문화를 포함하여 국민, 이익 및 압력단체 등 다양한 영역을 말한다. 행정체제는 환경과 상호작용을 하며, 개방체제로서 체제의 항상성과 생존성을 유지하기 위하여 역엔트로피를 생성해 나간다.

(2) 투입(input)

투입은 체제의 전환과정에 환경의 영역으로부터 유입되는 것을 말한다. 행정체제의 들어오는 투입의 예는 정부에 대한 행정수요와 지지·반대 등과 인적·물적 자원, 정보 등이 있다. 공무원의 모집과 채용도 인적 자원의 투입이라 할 수 있다.

(3) 전환(conversion)

전환과정이란 환경으로부터 유입된 투입물을 산출물로 전환시키는 과정으로서 행정체제 내의 여러 구성요소에 따라 전환과정 내에서는 다양하고 유기적인 관계하에서 이루어진다. 예를 들어 권위주의적인 체제, 정책결정의 집권성, 전환과정에 참여한 인간의 특성, 법적·제도적·절차적인 특성이나 차이에 따라 산출물은 다르게 나타난다고 볼 수 있다. 행정체제의 전환과정은 갈등, 협상, 조정 등 정치적 과정을 거치게 된다.

(4) 산출(output)

산출은 행정체제의 전환과정을 거쳐 나온 행정활동의 결과물이다. 이 산출물은 환경에 막대한 영향을 주는 공식적인 권위를 바탕으로 한다. 그 예로서는 재화 및 서비스, 특정 정책과 기획, 법령, 규제 등이 있다.

(5) 환류(Feedback)

환류란 산출물이 환경에 영향을 주고 난 결과 등을 다시 투입단계에 전달하는 과정으로서 잘못된 부분의 수정, 그리고 보다 개선된 투입을 목적으로 한다. 행정체제의 환류는 행정책임 및 통제, 행정평가, 행정개혁 등이 이에 해당된다.

5. 체제론의 평가

(1) 기능적 연구방법론을 통해 다양한 여러 행정체제나 행정단위의 비교 분석을 위한 일반적인 기준을 제시해 주었다. 또한 체제의 생존상태나 균형 상태에 대해서는 설명을 잘할 수 있는 반면에 변화나 발전에 대한 설명에는 한계가 있다. 따라서 보수적 · 정태적 이론으로서 발전도상국과 개혁 지향적 체제에 대한 설명에는 부적합하다.

(2) 체제가 주도적인 역할을 할 수 있음에도 불구하고 체제의 역할을 경시했다. 행정체제가 환경에 대해 주도적 역할을 하는 경우에는 설명하기가 용이하지 않은데, 특히 발전도상국과 개도국의 경우는 행정의 주도적 역할이 대부분의 특징으로 나타나기 때문에 이들에 대한 독립변수적 역할과 특성을 분석하고 설명하기란 쉽지 않을 것이다.

(3) 전통적 접근방법의 미시적인 관점을 벗어나 행정학 영역에서의 새로운 관점을 제시했다는 점은 긍정적이지만 체제의 구성요소와 요소 간의 관계와 체제 간의 상호의존관계를 전체적인 측면을 너무 지나치게 거시적으로 다룸으로써 체제의 운영적인 측면과 행태적인 측면을 구체적으로 설명하지 못하고 있다. 그 대상으로는 정치와 행정현상의 내용으로서 능률성과 합리성 추구, 정책결정과 그 행태, 권력, 리더십

등을 말한다. 즉 체제적 접근방법은 행정현상에서 중요한 권력, 의사
전달, 정책결정 등의 문제나 혹은 행정의 가치문제를 중요한 변수로
고려하지 않았다.

06 비교행정론

1. 비교행정론의 개념

비교행정이란 각국의 행정현상의 비교연구를 통하여 어느 나라에서나 적
용 가능한 일반적이고 보편적인 행정이론을 모색하고자 한 이론이다. 즉 나
라마다 행정환경과 문화적 배경이 서로 다르기 때문에 미국의 행정문화를
적용하는 데 많은 한계를 발견한 미국의 비교행정론자들이 이를 서로 비
교·연구하고자 하는 것이다. 행정의 과학화에 목표를 두고 구조기능분석
을 통하여 국가 간의 행정제도·조직·문화의 비교를 통해 각국의 행정체
제 간의 차이점과 특징 등을 밝혀내려고 시도했으며 1950년대 이후 성립되
었다.

2. 비교행정론의 성립배경

(1) 미국의 효율적인 대외원조정책 모색

제2차 세계대전 종전 이후 승전국이 된 미국은 신생독립국에 대한 대외
원조정책을 실시하였으나 미국의 행정문화와 특성이 원조국과 다르기 때문
에 원조정책이 효율적이지 못하고 실패로 돌아갔다. 따라서 원조정책이 성
공하기 위해서는 미국방식으로의 정책을 지속적으로 실시한다는 것에 대한
반성이 제기되면서 어느 나라에나 적용되는 보편적 행정이론의 정립이 절
실하게 요구되었다.

(2) 현실적·과학적 행정이론의 정립요구

우월적인 입장에 있던 전통적인 미국의 행정이론이 위와 같은 한계를 드
러내면서 경험적·과학적 행정이론을 필요로 하게 되었다.

(3) 유럽 학자들의 영향과 비교행정연구회의 활약

유럽의 많은 학자들이 미국으로 이주하여 Weber의 이론이 미국행정에
소개되면서 이들의 학풍이 미국의 비교 연구를 더욱 자극하였다. 또한 미국
행정학회에 비교행정학회(CAG, Comparative Administration Group)가 설치
되고 포드재단의 연구지원을 받으면서 연구에 활기를 띠었으며, Riggs는 중
심축으로서 역할을 하였다.

3. 비교행정론에 대한 관점

(1) Riggs의 관점

① 규범적 접근방법에서 경험적 접근방법 지향: 규범적 접근방법은 행정이 국민에 대해 무엇을 해야 하는가에 대한 약속과 같은 당위성을 추구하는 데 중점을 두고 있으며, 경험적 접근방법은 관찰·실험·경험을 통한 검증에 바탕을 둔 연구방법이다. 리그스는 비교행정론에 대해 규범적 접근방법의 추상적인 연구방법에서 구체적이고 현실 및 행동 지향적 연구 개념으로 전환되었다고 주장하였다.

② 개별적 접근방법에서 일반 법칙적 접근방법 도입: 특수한 개별국가 또는 사례를 연구하는 개별적 연구방법의 입장에서 여러 나라의 행정을 비교·연구하여 일반적이고 보편적인 규칙성을 찾아내려는 일반 법칙적 접근방법을 취한 것이라고 했다.

③ 비생태적 접근방법에서 생태적 접근방법으로 전환: 비생태적 접근방법은 행정과 환경과의 관계를 무시한 연구방법이며, 생태적 접근방법은 체제에 환경요인의 영향을 지나치게 취급한 방법론이다. 비교행정론은 생태적 접근방법을 적용한 이론이라고 지적하였다.

(2) F. Heady의 관점

① 전통적 접근방법의 수정: 전통적 접근방법을 수정하여 각국의 행정현상을 비교·연구하는 방법론을 택하고 있다.

② 발전 지향적 접근방법: 비교행정의 연구모형이 사회변동을 무시한 이론으로 비판하면서 사회변화와 변동을 중시하는 발전 행정론적 접근방법론의 지향을 주장하고 있다.

③ 일반 체제적 접근방법: 행정을 하나의 체제로 인식하고 환경과의 관계를 중시하여 행정을 종합적인 측면에서 분석하려는 접근방법이다.

④ 중범위이론 지향: 포괄적인 관점의 일반체제이론의 한계를 극복하기
   위해 연구의 대상 및 범위를 좁혀서 연구하는 중범위이론을 적용한
   다. 비교행정론에서의 중범위이론의 적용은 후진국의 행정연구와 특
   히 관료제로 범위를 좁혀서 연구하는 비교관료제론을 주장한다.

4. 비교행정론에 대한 평가

(1) 공헌

① 행정의 과학화 추구: 행정현상을 조직내부의 구조적 관점의 시각에서
   사회문화적·기능주의적 관점으로 파악하여 행정 영역에 대한 범위를
   넓혀 줌으로써 종합적 행정이론의 과학화에 기여하였다.
② 특히 미국의 행정현상에 대한 연구 중심에서 후진국 및 신생독립국의
   환경요인과 행정현상을 이해하는 데 많은 역할을 하였다. 또한 선진
   국 행정체제 간의 비교와 선진국과 후진국의 행정체제 간에 포괄적인
   비교를 했다는 점도 이론적 보편성을 확보한 면에서 공헌이 있다.
③ 비교행정론은 개발도상국의 발전에 이론적 배경을 제시하는 발전행정
   론의 성립에 기여하였다.

(2) 비판

① 구조 기능적 분석: 구조 기능적 분석에 치우쳐 정태적·현상 유지적
   균형이론이 되었으며, 행정이 환경에 대해 능동적인 입장을 취하려는
   특성인 사회의 변동기능(발전 지향적이고 사회의 변화를 추구하는 기
   능)을 설명하는 데는 한계가 있다. 특히 신생독립국의 행정은 총체적
   국가발전을 위한 사회변동에 대한 특성과 기능이 매우 강하게 나타나
   는데 단순히 발전도상국이나 신생독립국의 행정체제의 특징분석에 그
   쳤으며, 발전도상국의 행정을 설명할 수 없는 보수적 이론으로서의

한계를 나타냈는데, 이런 관점은 신생독립국 발전에 좋은 영향을 주지 못하고 역기능적이다.

② 환경에 대한 수동적 체제 관점: 행정체제를 생태론적 관점에서 보았다는 모순을 가지고 있다. 그러나 신생독립국의 특징은 소수 발전 지향적 엘리트 집단에 의해 국가발전이 주도되는 환경에 대한 능동적 입장의 행정체제 특성을 간과하였다. 개혁과 발전 지향적 관료들의 가치관, 기술과 능력 등의 인적 요인의 무시는 발전도상국의 행정체제를 설명하지 못했다.

07 발전행정론

1. 발전행정론의 개념

(1) 발전행정이론은 선진국의 행정이나 일반적인 국가의 행정에 적용되는 이론이 아니라 신생독립국과 같은 발전도상국의 행정의 문제를 설명하고 다루고 있다는 것이 주요 특징이다.

(2) 1950년대의 비교행정론은 구조 기능적 관점에서는 학문적으로 많은 기여를 하였으나, 신생독립국 및 발전도상국의 행정체제의 변동 지향적 환경변화에 대한 대처와 특히 엘리트, 관료들의 발전 지향적 가치관과 행동을 고려하지 않은 오류를 범했다. 이러한 비교행정론의 한계를 보완하고 발전도상국의 행정체제를 제대로 설명할 수 있는 이론의 필요성과 마침 2차 대전이 종결되고 미국은 신생독립국을 발전시키고자 많은 학자들이 후진국의 발전문제를 행정과 연계시켜 연구하기 시작된 것이 발전행정론의 태동이다.

(3) 발전행정론의 입장에서는 사회변동의 주체가 행정(정부)로 보고 지속적인 기관형성을 추구한다. 기관형성(제도형성)은 1960년대 발전행정

론의 대표적 학자인 M. J. Esman 등이 주장하였으며, 이는 1930년대 Selznick의 '적응적 변화 및 흡수 이론'을 확대 발전시킨 것으로 행정을 국가발전의 전략이나 역할의 일종으로 보고 사회의 변동을 유도하고 촉진하기 위하여 새로운 공식적 조직을 형성하거나 기존의 조직을 수정하여 이 새로운 조직이 목표를 달성하기 위하여 새로운 변화나 이념을 창출하고 유도, 조성해 가면서 이 변화에 대해 환경으로부터 긍정적인 지지와 평가를 받도록 사후관리를 하는 것으로 과거 우리나라의 새마을 운동이나 가족계획 사업 등이 대표적 사례에 해당한다.

(4) 대표학자로는 F. Riggs, W. J. Siffin, J. La Palombara, F. Heady, M. Esman 등이 있다.

2. 발전행정론의 특징

(1) 정치행정일원론: 발전도상국은 국내 자본의 미흡과 경제발전의 제반여건의 미성숙으로 행정이 주도적으로 국가발전의 목표·정책의 수립 및 집행과정에까지 수행하는 입장에 있는 행정우위의 국가적 특색을 지니므로 정치와 행정은 분리해서 생각할 수 없다.

(2) 효과성 중시: 급속한 경제발전 등 국가발전목표를 달성하는 과정에서 최고의 행정이념은 목표달성도인 효과성이다. 그 이유는 대부분의 신생독립국은 군사정권이거나 국민에 대한 정치적 신뢰성이 낮은 정권이므로 경제발전에 승부수를 걸고 파이의 창출과 가시적인 결과를 빨리 내놓아야 하는 절박한 입장에 놓여 있기 때문이다.

(3) 발전인의 이미지와 역할 강조: 행정인(관료)을 발전의 주체이자 독립변수로서 가장 중요시하는데, 창의적이고 진취적인 발전행정인의 모습을 지향한다.

(4) 가치 지향적·현실적 행정이론: 과학성보다 기술성을 강조하며, 처방적·실천적 이론이다. 이를 뒷받침하기 위해 규범과 구조 및 행태 등에 대

한 연구를 중시한다.

(5) 조직 내적 분위기: 합법성보다는 합목적성 지향, 하의상달과 권한위임·참여를 강조하면서도 책임성을 중요시하였다. 지도자는 변혁적 리더십의 특성, 창의적인 부하에 대한 높은 신임 등 적극적인 자세를 요구하였다. 이러한 조직의 문화는 발전행정의 후기에 나온 것이지 초기에는 전통적인 경직된 정부관료제를 중심으로 국가발전을 꾀하려 했다는 것을 유념해야 한다.

(6) 잦은 기관형성: 효율적인 목표달성을 위해 조직과 제도의 신설과 개편 등이 수시로 나타나는 것이 특징이다.

▶▶ 알고가기

Heady의 신생독립국 행정체제의 특징
1. 선진국 행정제도 등의 모방체제
2. 형식주의 만연: 규범과는 다른 실제 적용 현상
3. 국가발전을 위한 인재부족 현상
4. 사적 편의추구성과 부패 만연
5. 관료들의 자율성 확대: 권한과 통제 간의 불균형 - 통제약화 현상

3. 행정발전과 정치발전

모든 발전행정론자들은 공통적으로 국가발전의 주체로서 행정의 역할을 중요시하고 있지만, 행정발전과 정치발전과의 관계를 논할 때 그 우선순위에 대해서는 견해를 달리하고 있다.

(1) 행정발전 후순위성(균형적 접근, Riggs): 행정발전보다 정치발전이 우선되어야 하며 다른 체제와 균형 있게 발전해야 한다는 입장이다. 리그스는 민주주의로서의 정치발전이 선행되지 않고 행정발전이 먼저 이루어지면 관료의 독선이 발생한다는 것이다. 즉 지나친 행정발전은 정치의 영역을 침범하여 민주주의가 훼손될 수 있다는 것이다.

(2) 행정발전 우선성(불균형적 접근, La Palombara, Esman): 행정발전이

정치발전보다 우선되어야 한다는 주장이다. 이들의 주장 논거는 신생 독립국은 극도로 심각한 경제·사회 등의 문제를 안고 있기 때문에 이러한 문제를 먼저 해결하기 위해서는 행정능력이 있어야 한다는 것이다. 또한 행정은 모든 영역과 분야에서 발전의 주도적 역할을 할 수밖에 없기 때문에 행정에 정치가 귀속되는 것은 불가피하다는 주장이다. 민주주의적 정치발전은 후진국의 당면과제가 아니며 시간과 비용이 많이 드는 과제이므로 행정발전이 우선되어야 한다는 입장이다(한국의 경우도 박정희 정권이 군사쿠데타의 정당성을 확보하기 위한 급속한 경제발전을 추구하는 과정에서 국내 기업자본의 미성숙과 발전여건의 미흡으로 외자도입과 그 배분 등을 행정이 주도했으며, 민주정치발전은 국가의 당면과제가 아니었음을 경험했다).

4. 발전행정론의 평가

(1) 발전개념의 모호성

발전행정론자들은 발전이라는 개념을 명확히 정의하지 않았으며, 발전개념에 대한 주장 자체가 모호하고 추상적이었다.

(2) 서구적 인식에서 출발한 이론

미국 학자를 중심으로 출발한 이론이므로 발전의 개념을 산업사회와 서구적인 중심으로 설정하고 발전도상국의 발전계획과 전략도 다분히 미국적 시각에서 바라보았다.

(3) 행정의 과학성 부족

이론적으로 규범성·가치 지향적·처방성이 강한 성격으로 경험적인 측면보다는 주관적인 측면이 강조됨으로써 과학성이 결여되었다.

(4) 행정의 독선화 초래

국가발전에 대한 주체를 행정으로 보았기 때문에 행정관료제의 비대화와 관료주의화 같은 현상을 낳게 할 뿐만 아니라 정치와 행정 간의 균형적 발전이 아닌 행정 독선적 국가를 탄생시킬 수 있다.

(5) 투입기능의 무시

정책의 효과성을 중시함으로써 정책결정에서 참여와 같은 투입기능이 고려되지 않았다. 발전행정론은 초기에 국가발전 목표달성 기능은 경직되고 집권화된 통제 중심적 관료제였다. 이러한 비판에 대해 동태적 개념의 관료제를 적용함으로서 후기에 권한위임과 참여를 받아들였다.

(6) 국가발전 개념의 한계성

국가발전의 목표는 오로지 경제성장에 둠으로써 국가발전에 대한 개념이 제한되어 총체적인 국가발전으로 유도하는 데는 한계가 있다.

08 비교발전행정론

1. 비교발전행정의 개념

(1) 비교행정의 개념

비교행정(comparative administration)은 다양한 국가의 행정현상을 비교분석함으로써 행정 일반이론을 모색하여 행정이론의 개선에 필요한 지식기반을 구축하는 것이 목적이다. 이때 접근방법인 비교연구는 행정이론의 일반화와 행정과학을 지향하며 행정이 처해 있는 문제의 해결이라는 현실적인 측면에서도 그 필요성이 절실하다.

(2) 발전행정의 개념

발전행정(development administration)은 국가발전사업의 설정 · 추진 및 관리와 이를 주도해 나갈 행정의 발전을 의미한다(Riggs, 1966). 비교행정은 발전목표와 전략에 초점을 두고, 발전행정은 수단인 행정체제의 능력 향상을 중시한다. 발전행정론의 대두는 냉전체제와 이념논쟁, 비교행정연구의 대두, 기능주의에 반발하고 동태적 정책연구의 대두, 비교행정의 태동원인이 되었던 미국원조 효과에 대한 분석발전론이 대두되면서 그 실효성이 증대되었다.

(3) 비교발전행정의 개념화

이론추구와 현실문제 처방이라는 목적을 동시에 달성하기 위해 비교행정과 발전행정의 통합적 논의와 양자 간의 교차적 접근에 대한 논의가 요구되고 있다. 즉 지나치게 이론적 순수성에 집착하는 비교행정은 현실적 처방성이 약화되고, 현실성에 대한 과도한 집착을 보이는 발전행정은 이론면에 취약하여 포괄적이고 중립적인 시각을 갖는 데 한계가 있기 때문이다. 따라서 비교발전행정론은 국가의 발전경로 및 행정발전 방법에 대한 국가 간 비교론적 시각을 통해 자국의 국가발전전략의 도출에 도움이 되는 이론적 · 실천적 기준을 탐색하는 것으로 비교발전행정의 개념은 '국가발전의 좌표설정과 추진 및 이를 위한 행정체제 개혁이라는 두 가지 핵심 테마에 대한 다차원적 비교와 처방 활동'이다(이도형 · 김정렬, 2007: 6).

<표> 비교행정과 발전행정의 비교

구분	비교 행정	발전 행정
발생연대와 이념	1950년대: 보편성, 일반성, 합법성, 능률성, 민주성	1960년대: 특정성, 전문성, 합법성, 능률성, 민주성 이외에 효과성, 생산성 강조
합목적성	정태적(static), 일반법칙의 모색	동태적(dynamic), 목표 지향적
방법론적 가치관	기능주의(functionalism), 가치중립적, 체제의 특징 중시	실용주의(pragmatism), 처방성, 가치 지향적, 체제의 능력 중시
변수로서의 행정	종속변수로서의 행정, 발전에 대한 비관적	독립변수로서의 행정, 성장에 대한 낙관주의
이론의 성향	균형이론	변동이론, 불균형이론
분석지침	체제분석(SA), 경제적 합리성	체제분석+정책분석(PA), 정치적 합리성
사회변동과 행정의 역할	전이적·단계적 변화(transitional change)의 행정(선→후진국)	계획적·의도적 변화(planned change)의 행정
행정행태의 지향점	행정인의 자격으로서 지식, 이론, 정보의 양만을 중시	행정인의 자격으로서 지식, 정보 이외에 창의력, 쇄신, 성취지향성을 요구
과학성	개도국의 행정현실은 왜(why) 이렇게 낙후되었는가하는 과학성 추구, 진단차원, 공간적 차원의 분석	어떻게(how) 이를 극복할 것인가? 하는 기술성 추구, 처방차원, 시간적 차원의 분석

자료: 이도형·김정렬, 2007: 10.

09 신행정론

1. 신행정론의 의의

(1) 개념

신행정론은 1960년대 말 미국에서 행정의 과학성 강조와 이론적 관점에 치우친 행태주의를 비롯한 기존의 행정학 주류에 대한 비판으로 나타난 가치 지향적·규범적 학문이다. 행정학은 이론적인 측면에서 벗어나 사회문제를 적극적으로 해결하는 실천적·처방적 역할을 강조한 현실적합성·응용성 이론의 학문이다.

(2) 성립배경

① 처방적 학문 요구: 1960년대 말부터 1970년대 초 미국은 경제침체, 실업문제, 흑인폭동 등 사회적 혼란에 처하면서 행정의 적극적인 역할이 요구되었다. 즉 사회적 형평성 달성 등의 여러 가지 사회의 문제들을 해결할 수 있는 행정의 역할과 이론적 뒷받침이 필요하게 되었다.

② 행태론의 비판: 신행정론자들은 사이먼의 행태론은 행정학의 과학성과 논리성, 그리고 이론의 정립을 달성하고자 했기 때문에 행정학이 사회문제를 해결할 수 있는 처방적 능력의 부재를 강하게 지적하였다 (후기 행태주의, 후기 실증주의 탄생).

③ 탈관료제 지향: 신행정론자들은 지금까지의 경직성 정부관료제는 능률성을 강조한 관리 측면에 집착하여 왔으며, 국민을 위한 행정의 역할정립에 소홀히 했다고 비판하면서 환경에 잘 적응할 수 있는 새로운 조직의 모색이 필요하다고 역설하였다(탈관료제와 관료제 종말론 대두).

④ 미노브룩회의(1968년): 미국 시라쿠스 대학이 주최한 미노브룩회의에서 Waldo, Frederickson, Harmon 등과 같은 소장파 학자들이 『Toward a New Public Administration』의 책을 발간하고 기존의 행정학을 비판하였다. 특히 사이먼의 행태론은 사실의 판단과 가치를 단순하게 데이터로 처리함으로써 가치를 가치로 취급하지 않으려는 오류를 범했다고 비판하면서 오늘날의 급변하는 환경변화에 따라 행정학의 적실성과 처방성, 가치의 중요성을 강조하였다.

2. 신행정론의 내용

(1) 사회적 형평성의 추구

행정의 능률성 강조는 조직 내부의 문제에 역점을 둔 개념이며 사회에 대한 배분적 개념을 소외시켰다고 본다. 또한 행태론의 가치중립적 관점은 가치문제를 중요시하는 사회적 형평성 달성에 소홀해질 수밖에 없다는 것이다. 따라서 앞으로 행정은 소외된 계층을 중심으로 사회적 형평성을 달성해야 한다고 주장하였다. 사회적 형평의 개념(Frederickson의 주장)에는 행정봉사의 공평성, 정책의 책임성, 변화지향성, 시민의 욕구에 대한 대응성 등을 내포한다.

(2) 고객중심적 행정

행정의 내부지향성에서 외부지향적인 행정의 자세로의 변화추구를 역설하였는데, 고객인 국민의 요구(행정수요)에 대한 대응성을 높여야 한다고 주장하였다. 그러기 위해서는 정책과정에서 주민단체의 참여와 행정평가·통제 등을 중요시하였다. 이때 행정조직은 개방체제로서 국민과의 근접성이 높아지게 될 것이다.

(3) 새로운 형태의 조직모색

계층성과 경직성이 높은 정부관료제는 고객 중심적 행정을 지향할 수 없기 때문에 탈관료제와 같은 새로운 조직을 요구하는데, 계층제의 수정과 보완이 아닌 철폐를 주장하고 있다. 그러므로 환경에 대한 대응성이 높은 조직을 요구하였다. 이는 동태화 조직의 개념으로서 project team, task force, 팀제 등과 같은 임시조직(adhocracy)의 필요성을 강조하였다.

(4) 능동적인 관료의 역할 강조

급변하는 환경에 대응할 수 있는 적극적이고 능동적인 관료의 역할을 강조하고 있다(행동주의).

(5) 가치 지향적 행정학

사실 지향적인 행태론의 과학성·실증주의적 연구에서 벗어나 현실적인 사회문제 중심의 행정학 이론이 요구되었다. 즉 행정학의 실용성과 현실적 합성을 중요시하고 가치를 배제하지 않겠다는 것이다. 행정은 그 자체가 가치함축적인 개념이기 때문에 행정에서 가치를 배제한다는 것은 행정으로서의 의미가 없다는 것이다. 정책연구는 체제분석과 관리과학보다는 가치를 중심으로 평가하는 정책분석을 중시한다.

(6) 연구방법 및 관점

현상학적 접근방법, 사회명목론적 사회관, 상호주관성 및 간주관성(間主觀性), 규범성, 철학, 행동주의, 사회적 관심, 가치의 발견과 실천, 개인과 조직의 윤리성, 유관합의성(有關合議性), Harmon의 행위이론(표출된 객관적인 행위가 아닌 인간 이면의 의도나 동기에 의한 행위탐구)

3. 신행정론의 한계

(1) 사회적 형평성 강조

사회적 형평성에 대한 기준이 모호하며, 국가마다 상황이 다르며, 선진국과 후진국의 경우처럼 만족도의 정도나 내용 등이 각기 다를 수 있다. 또한 사회적 형평성 추구는 동시에 사회적 불평등이 초래될 수 있다.

(2) 고객 중심적 행정지향

고객 중심적 행정지향은 정책의 효율성과 안정성을 확보할 수 있을지 모르나 지나친 주민참여의 확대와 의존으로 행정의 능률성·기술성·전문성을 저해시키며, 참여집단이 개인이익을 우선으로 하기 때문에 전체 이익의 대표성 문제가 발생한다. 특히 후진국의 경우 행정에의 국민 참여는 기대하기 어렵다는 점에서 적용문제가 논란이 된다.

(3) 관료제 · 계층제 타파

모든 조직구조와 운영이 탈계층제로 이루어진다는 것은 현실적으로 불가능하며, 관료제와 계층제의 장점인 조직의 안정성·능률성 등을 너무 과소평가하였다.

(4) 적극적이고 능동적인 관료역할 지향

공무원의 적극적 역할의 강조는 자칫 권한의 확대로 인한 관료주의화·특권집단화로 국민에 대해 군림현상이 나타날 수도 있다. 특히 우리나라의 경우 유교적이고 가산적 관료제와 같은 행정 문화적 요소가 잔존하고 있어 더욱 경계가 되는 사항이다.

(5) 가치 지향적 행정업무

행정의 가치지향은 사실을 배제한다는 것으로 객관적이고 계량적인 측면이 경시될 수 있을 뿐만 아니라 능률성을 강조한 관리 측면이 약화될 수 있다. 사회적 형평성 달성과 같은 가치 지향적인 목표는 능률성과는 상충되는 개념으로 행정적인 측면보다 정치적 측면이 더욱 강조될 수 있다.

(6) 학문성의 결여

신행정학은 미국의 시대적 요청에 따라 주장된 처방적 성격이 강한 학문으로서 일반성·객관성이 결여되어 있기 때문에 독자적인 학파로서 성립되기에는 한계가 있다.

1. 공공선택론(public choice theory)

(1) 개념

공공선택이론은 시민이 사용할 공공서비스·재화·용역 등을 시민이 선택하고 소비자가 되며, 정부 관료는 이를 생산하고 공급하는 주체가 된다는 이론이다. 이런 비시장적 영역을 경제학적 접근으로 설명하고 분석·처방하는 것을 주안점으로 한다. 다시 말해서 정책결정행위에 정치경제학적 이론을 적용시킨 것으로서 Ostrom 부부가 행정학에 도입·발전시킨 민주행정 패러다임이다.

(2) 주요 내용

① 방법론적 개체주의: 의사결정의 주체를 집단으로 보지 않고 개인(개체)으로 보는 방법론이다. 즉 집단의 행위는 개인선택 행위의 총합에 불과한 것이지 집단 자체의 의사는 아니라는 것이다. 따라서 신비주의적 전체주의와 대별되는 개체주의로써 집단이 아닌 개인을 분석단위로 한다.

② 합리적·이기적 경제인관: 인간은 합리적이고 경제적인 사고를 가지고 개인의 이익을 추구한다고 전제했다. 합리적인 인간은 법질서하에서 자신의 선호를 극대화하는 대안을 선택할 것이며, 시민은 최소의 비용으로 보다 나은 서비스를 받으려고 할 것이다. 정부 관료는 자신의 영향력 과시와 공공재의 생산을 이유로 예산의 극대화를 추구한다.

③ 행정의 합목적성을 비판하고 자유경쟁의 원리를 신봉하고 있으며, 공공행정에 시장 경제적 원리에 입각한 서비스 제공을 강조함으로써 공

공행정의 시장경제화를 주장한다.

④ 정부는 공공재의 생산자이자 공급자, 시민은 소비자이며, 재화와 용역의 공공성을 강조하고 있다.

⑤ 정책과정에서 개인선호의 총합은 사회 전체의 선택이라고 인식하며, 유권자는 시장에서와 같이 투표를 통하여 자신의 수요를 표출한다.

⑥ 비시장적(준시장적) 의사결정: 공공부문에서의 정책결정은 시장의 논리에 의해 이루어지는 것이 아니라 합리적 의도를 가진 정치적 타협과정으로 인식하고, 정책의 파급효과를 긍정적·부정적 측면에서 모두 검토하고 있다.

⑦ 연역적 접근방법과 수리학의 적용

⑧ 이기적, 합리적 행위 측면의 이론

　㉠ 예산극대화 추구: Niskanen은 하급자층에서 특히 예산을 많이 확보하려는 이기적인 성향을 나타낸다고 주장했다.

　㉡ 비용극소화 추구: Buchman과 Tullock의 비용극소화 모형과 같은 범주이다. 비용을 극소화하려는 인간의 행위를 강조하고 있다. Tullock은 지대추구이론을 소개하면서 지대추구활동의 사회적 낭비를 지적하고 있다. 의사결정과정에서도 반대자를 설득할 때 소요되는 비용(참여자의 의견조정에 드는 제반 비용으로서 시간, 노력 등)인 의사결정비용이 최소가 되는 최적참여자를 고려한다.

　㉢ 지대추구이론: 이익집단의 로비는 정책결정에 영향을 주기 위하여 관료에게 지대를 주면서 자신의 이익을 추구한다는 이론인데, 공공선택론에서는 지대추구의 활동이 사회적 비능률성을 초래한다고 보고 있다.

⑨ 투표정치 이론(투표정치의 한계)

　㉠ Arrow의 불가능성의 정리: 투표방식과 같은 다수결의 원리는 소수의 의견이 무시되고 반드시 가장 합리적인 해결책은 아니라고 본다.

　㉡ Downs와 Hostelling의 중위투표자 정리: 중간적 위치에 있는 투표자의 선호에 맞는 행정서비스는 극단적인 선호로 인한 오류를 방

지할 수 있다고 본다. Downs는 정당정치에 있어서 중위투표자 정리를 전개하였는데, 정당은 집권에 필요한 과반수를 얻기 위해서는 중위투표자의 선호에 맞춘 정강을 제시하는 합리적 방법을 선택하게 된다. 이 결과 양대 정당의 정강은 거의 일치하게 되고, 이에 따라 극단적인 선호를 가진 투표자들은 자신의 선호와 합치되는 지지정당을 상실하게 되며, 기권을 많이 하게 된다. 이러한 중위투표자 정리는 정부실패의 원인을 설명하는 논거가 된다(투표극대화모형 또는 Black의 정리라고도 부름).

ⓒ 기타 투표의 교환(담합), 투표의 역설, 티브이론 등

2. 신제도주의(new institution theory)

제도란 인간 및 집단행위를 규정짓는 여러 가지 법과 규범 등을 말하며, 제도는 인간이 만들고 또 그 제도에 의해 제약받고 제도를 개선해 나간다고 보고, 제도를 사회현상을 설명하기 위한 핵심 변수로서 설정한다. 여기서 구제도주의와 신제도주의를 구분한다면 구제도주의는 인간을 제약하는 정부에 의해 인위적으로 형성된 공식적인 법, 규범과 같은 제도를 중심으로 정태적·구체적·규범적 접근방법을 취하고 개인의 행위를 설명하지 못하지만 신제도주의에서는 제도를 법과 규정을 포함한 행위의 규칙, 공유규범 등을 포함한 동태적·인지적 접근을 하고 있다. 특히 인간의 행태에 영향을 주는 제도가 무엇이 있는가를 연구의 초점으로 하므로 연구방법은 현상학, 인지심리학, 형이상학적 신비주의, 민속학 방법론 등에 기초하며, 미시와 거시적 접근방법을 취하고 있다. 제도와 행위자 간의 상호작용으로 형성된 것으로 보고 있다. 따라서 정부활동의 결과는 그 활동에 참여하는 사람들의 교호작용의 유형에 따라 달라지고 특정한 행위특성을 보인다고 인식한다.

P. Hall은 신제도주의를 합리적 선택 신제도주의, 역사적 신제도주의, 사

회문화적 신제도주의 세 가지로 나누어 설명하고 있다.

(1) 합리적 선택 신제도주의

① 개념 및 특징

㉠ 인간은 각각 구체적인 선호를 가지고 있으며, 자신의 이익을 극대화하기 위해 제한적이지만 합리적 선택(계산된 행위)을 한다고 인식하고 출발한다.

㉡ 자신의 이익을 추구하는 미시적 관점에서 연구 분석단위는 개인이다. 즉 신제도주의자들은 생산 활동에 참여하는 인간은 자신의 후생이나 이익을 극대화시키는 합리적·경제적 행위자로 가정하고 방법론적 개체주의 입장을 지지한다.

㉢ 개인의 효용(이익)을 극대화하기 위해 안정된 상태의 유지와 거래비용(자기 목적을 추진하는 과정에 드는 비용으로써 정보획득비용, 타인과의 협상·조정·감시·통제비용 등)을 적게 드는 방향으로 상대방과의 교환관계를 유지하려고 한다. 이로써 비용을 최소로 하는 수단적 역할을 하는 것이 제도이며, 관료제와 기업 등도 이러한 제도의 예라고 할 수 있다.

㉣ 미국의 다원주의 사회적 특징과 함께 의회의 과정에서 균형성이 존재한다는 사실을 발견하고 이를 규명하는 데에서 출발했다. 즉 의사진행규칙과 위원회와 같은 제도가 거래비용을 적게 하고 상호 이익을 증진시키기 위해 안정적 균형점을 찾는다는 인식을 하게 되었다.

② 관련이론

㉠ 거래비용이론(거래비용경제학): 거래비용을 최소로 절약하기 위한 사회·정치·경제적 제도를 마련하는 데 목적이 있다. 사회의 모든 흐름과 작동은 시장경제에 의한다. 따라서 시장경제의 가격 메커니즘에 맡기면 많은 비용이 발생할 것이다. 다시 말해서 시장에서

가격과 거래 등이 결정되기까지의 과정은 시간적·공간적 비용이 많이 요구되므로 만약 개인들이 자유로운 시장경제하에서 활동하면 더 많은 비용이 들 것이다. 관료조직과 같은 통제기능이 없거나 시장에서 기업이 없다면 원하는 물건이 어디에 있는지 모르기 때문에 필요로 하는 물품의 구매에 많은 비용이 소요될 것이다.

ⓛ 주인－대리인 이론: 거래비용을 극소화하고 개인이익을 극대화하려는 계약당사자들의 선호가 조화를 이룰 수 있도록 하는 제도이다. 따라서 개인이 목적달성을 위해 혼자 수행하는 것보다 비용이 최소로 드는 방법으로 주인은 대리인을 사용한다는 것이다. 주인인 국민은 각종 서비스를 받기 위해 세금을 내고 대리인인 정부 관료에게 맡기는 것을 말한다. 이것이 주인과 대리인의 관계로서 성립은 ㉮ 인간의 합리적이고 경제적인 인간관을 가정하며 ㉯ 정보의 비대칭성이 존재 ㉰ 정보의 불균형으로 인한 자신의 이익의 극대화 추구를 위해 나타나는 인간의 기회주의적 속성으로 이루어진다. 비용을 적게 들이려는 행위로써 개인이 소송을 걸 때의 경우, 개인은 법도 모르고 바쁘기 때문에 변호사를 대리인으로 선임하여 주인인 의뢰인의 목적을 달성하는 관계로서 대리인을 활용하면 목적달성비용이 적게 든다는 것이다. 대리인은 최대로 좋은 조건으로 대리인의 활동을 추구할 것이다. 이러한 것들이 모두 합리적 선택제도의 범주에 속한다. 그러나 주인과 대리인의 관계에 의해 합리적인 결과가 이루어지기 위해서는 주인과 대리인과의 정보의 불균형과 대리인에 대한 통제미약, 결과의 불확실성, 위험부담 및 대리 비용결정의 문제, 대리인의 도덕적 해이 및 역선택의 문제 등이 해결되어야 한다(도덕적 해이는 대리인이 계약을 잊고 자신의 이익만을 추구하는 것이며, 역선택은 대리인을 잘못 선택한 경우를 말한다).

ⓒ 공유지의 비극(공유재 이론): 시장에서는 개인이 자신의 이익을 극대화함으로써 사회 전체는 오히려 큰 손해를 본다는 이론이다(사회

전체의 비합리성 초래). 따라서 공유재 이론에서는 이해당사자들 간의 합의를 통하여 공유지 사용에 대한 일정한 규칙을 정해서 서로 지킴으로써 사회 전체의 비합리성(손해)이 자신의 손해로 이어지는 비극을 막을 수 있다고 본다. 즉 사회적 비용을 최소로 하기 위한 합리적 선택의 필요성을 강조한다.

ⓡ 그 밖에 공공선택이론 등이 이에 해당된다.

(2) 역사적 신제도주의

① 개념: 제도는 역사적 과정을 통하여 형성된 것으로 인식하며, 개별국가의 특수한 역사적 제도형성은 역사적 맥락에서 형성된다. 그러므로 개인의 행위도 제도적 맥락 속에서 형성되고 제약된다. 이렇게 형성되는 제도는 지속성과 경로의존성의 성향을 지니며, 기존제도에 의해 발생하게 되는 의도하지 않았던 결과와 제도의 비효율성을 강조한다.

② 특 징: ㉠ 개인의 선호나 이익은 제도를 통해 형성되고 ㉡ 제도를 국가와 사회를 연결해 주는 기제로서 그 제도적 특성을 연구 ㉢ 개인과 집단의 행위는 제도의 역사적 배경과 맥락에 의해서만 설명이 가능하다. 즉 제도에 의해 제약을 받는다(이때의 제도는 독립변수)는 것과 개인이나 집단의 행위(선택)는 제도를 만들고 변화시킨다는 측면(제도의 종속적 변수)으로 정리된다. 구제도주의에서는 인간이 만든 제도도 인간의 행위를 제약하는 것으로 제도의 독립적 변수로 인식하지만 신제도주의에서는 독립변수이자 종속변수로 작용한다. ㉣ 제도는 사회집단 사이의 권력불균등을 형성시켰다고 본다(조선시대의 제도가 양반과 평민, 천민계층으로의 권력불균등의 결과 초래). ㉤ 지속성과 경로의존성을 수용하고 있다. 즉 일단 역사와 함께 형성된 제도는 변화와 새로운 요구에도 변화하지 않는 지속성을 보이며, 미래의 새로운 선택과 변화추구를 제약하는 특성을 가진다. 이념과 사상의 변화는 엄청난 희생을 치러야 하며, 저항도 많은 것이 역사적 제도가 갖는

경로의존성이다. ⓑ 정치학적 관점에서 제도를 정치체제 속에 내재되어 있는 비공식 절차, 규범과 전통 등으로도 간주하며, 사회에 대한 정치의 의존성이 아니라 정치의 영역의 상대적 자율성을 강조한다. ⓢ 정책의 결정과 내용은 제도의 영향을 받고 형성된다. ⓞ 역사적 관점과 거시 구조적 관점을 조화시켜 접근하고 있다.

(3) 사회적 신제도주의

① 인간의 행위는 사회문화적 규범이나 제도적 환경에 따라 결정되며, 제도를 상징과 관행 및 문화 등으로 이해한다. 개인의 행위는 제도에 의해 지배될 뿐만 아니라 제도도 문화, 구조와 같은 거시적 변수에 의존하고 있다. 이러한 문화는 개인의 이익에 의해 결정되며 현상학과 민속방법론, 인지심리학에 기초하여 특정 사회의 사회문화적 제약을 제도로 인식하고 있다. 또한 인간이 사회문화적 제도를 의도에 따라 창조하거나 변화시킬 수 없다(지속성과 경로의존성)고 보기 때문에 제도가 특정 사회로부터 정당성을 인정받는 것이 조직의 효율성(기술적 합리성)을 추구하는 것보다 더 중요하다고 인식한다.

② 조직은 제도를 문화적 인지 또는 사회적 인지에 의해 채택한다. 조직은 자체의 합리성과 효율성으로 인해 사회적 정당성을 확보하기보다는 사회문화적 규범과 제도에 적합하게 활동하였을 때 정당성을 인정받는다고 본다. 따라서 조직은 사회적 정당성의 획득을 위해 제도를 채택하고 수용한다는 것이다. 예를 들어 2년제 대학의 경우 4년제 대학이 되기 위해서 기능하지도 않은 조직을 만들어 4년제 대학으로서 조직이 인정을 받으려 한다. 즉 제도가 효율적이기 때문이 아니라 사회적 정당성을 획득함으로써 제도는 채택되는 것이다.

③ 사회문화적 제도주의는 특정한 사회의 문화적인 제약을 제도로 인식하기 때문에 모든 상황에 적용되는 인류의 보편적 제도를 추구할 수 없다는 한계가 있다.

구 분	제도의 인식	학문적 기초	중 점	초 점	제도영역	제도변화 동인	개인선호	접근법
합리적 선택 신제도	개인은 합리적(전략적)이해타산 추구의 수단	경제학	개인들의 전략적 행위(경제성)에 의하여 제도가 형성, 제도의 균형 중시	개인중심(개인의 자율성)	좁음(미시적: 개인 간 거래행위에서 작용) 공식적 측면	비용편익 분석, 전략적 선택	고정, 외생적이며, 개인의 고정된 선호가 전체선호를 결정	연역적(일반이론 추구), 방법론적 개체주의
역사적 신제도	역사적 특수성(맥락)과 경로의 존성 및 지속성 예) 미국의 총기소지법 폐지는 쉽지 않다	정치학	− 동일목적의 제도가 나라마다 다르게 형성되는 경로의존성 및 제도의 장기적 지속성 중시, 개인의 행위를 결정하는 국가(정치체제)의 자율성 강조, 권력관계의 불균등성 중시 − 한 국가의 정책형성은 역사적 제도에 기인함	국가중심(국가의 자율성)	넓음(거시적: 국가, 정치체제, 제도를 중심으로 인식) 공식적 측면	외부적 충격, 결절된 균형	내생적 아니며, 선호를 결정하는 '정치체제'가 개인선호를 재형성	귀납적(사례연구, 비교연구)
사회적 신제도	사회문화 및 상징	사회학	개인의 행위를 제약하는 의미구조, 상징, 인지적·도덕적 기초, 사회문화 중시, 조직은 정당성을 얻으려는 동형화 추구	사회중심(문화의 자율성)	넓음(거시적: 사회문화와의 관계) 비공식적 측면	인지, 상징, 흡수, 동형화	내생적(선험적)이며, 사회문화 및 상징이 개인선호를 결정	귀납적(경험적, 형이상학적 신비주의, 해석학, 민속학, 현상학

신제도론적 주요이론

1. 관청형성 모형

(1) Niskanen의 예산극대화 모형과 대립되는 이론으로서 Dunleavy가 주장

(2) 계층에 따른 예산인식의 차이

① **중하위계층**: 예산극대화 추구

② **상위층**: 관청예산 증대에 주관심(예산극대화에 소극적 자세)

2. 거래비용이론

(1) Williamson: 시장구조의 변화는 거래주체가 거래비용을 감소시키고 기회비용을 줄이기 위한 의도적 결과로 인식한다. 과거에는 시장기능에 의존한 문제해결이 거래비용을 증가시켰지만 포스트 모더니즘적 현대사회는 조직의 핵심자원을 조직이 보유하고 부수적 자원은 시장에서 획득함으로써 거래비용을 최소로 하는 사회로 변화하였다.

(2) North: 공식적 제도와 비공식적 제도 또는 외적 제도와 내적 제도의 일치는 정보획득비용을 감소시킬 수 있다고 본다. 따라서 국가발전은 그 시스템을 움직이는 제도가 낮은 거래비용(각종 규제에 따른 비용과 사회통제 및 행정참여, 조정비용 등)과 합의장치로 작동될 때 빠르다.

3. 비판이론과 현상학

(1) 비판이론

① 개념: 1970년대 후반부터 행정학에 대한 비판적 입장이 비판이론을 중심으로 시작되었다. Dunn, Denhardt, Forster 등이 주창한 것으로 관료제론, 과학적 관리론, 행태론, 체제론과 같은 거의 기존의 행정학 접근방법과 같은 실증주의적 행정학에 대해 비판적인 관점을 갖게 되었고, 사회 전체를 분석·비판하여 사회의 변화를 추구하는 학파이다.

② 이성 비판기준: 도구적·기술적 이성, 실제적·해석적 이성, 비판이성, 해방이성

③ 주요 관련 용어: 총체성, 의식, 소외, 비판

(2) 현상학

① 개념: 현실세계의 객관적인 현상에 대해 주관적인 판단으로 인식하고 해석하는 관점의 학문이다. 즉 객관적 실체를 개인의 지각과 인식의 차이에 따라 야기되는 인간의 행동을 철학적·심리학적 측면에서 개별문제 중심으로 연구한다.

② 내용 및 특징
  ㉠ 인간을 의식과 의도성을 지닌 능동적 존재로 인식하고 인간의 행동을 철학적, 심리학적으로 연구한다.
  ㉡ 인간의 주관적이고 내면적인 의식세계를 연구하며, 개별문제 중심적으로 분석단위는 자아개념, 상호주관성, 현상적 세계이다.
  ㉢ 기존의 객관주의나 논리적 실증주의는 인간의 주관적 개념과 내면의식, 동기 등과 같은 주관적 요소를 적절하게 설명해 주지 못하는 한계를 극복하려 했다.
  ㉣ 행정을 해석학적 방법으로 접근하며, 조직인의 내면적인 행태를

중시하고 조직은 간주관적으로 공유된 의미의 집합으로 인식한다.

ⓜ 일상생활에서 사회의 기본적인 질서를 발견하려고 시도한다.

ⓗ 인간의 주관적인 의지와 가치·목적성을 객관적인 틀에 정형화시
킴으로써 발생하는 인간상실을 비판하면서 이를 벗어나야 한다는
조직 내 인간의 탈물화를 강조한다.

ⓢ 개념 요약: 반실증주의(철학), 주관적·내면적, 개개의 사례나 개별
문제 중심적 연구(일반 법칙성 추구의 반대), 유명론(실재론과 반
대개념), 가치주의, 의식주의, 규범성과 처방성 강조

③ 대표적 학자: E. Husserl, M. Scheler, A. Schutz, M. Natanson 등이 있다.

4. 담론이론(discourse theory)

(1) 의의

담론이론은 대의민주주의의 문제점을 극복하고 행정에의 시민참여를 위
한 이론으로 정책결정과정에서의 토론을 담론이라고 하며, 행정기구는 담론
의 장소가 된다. 전통관료제의 행정과정에 시민참여는 불가능한 것이므로
민주화를 위한 담론을 제시하고 있다(Fox - 참여, Miller - 담론식 의사결정을
주장).

(2) 대두배경

① 국가의 역할이 복잡해지고 국가가 수행해야 하는 일들도 이질적이 되
어 감에 따라 대의제 민주주의와 기술 관료제라는 19세기에 발달한
자유민주주의 제도적 형태가 21세기에 나타나고 있는 문제들에 대처
하는 데는 적합지 않다는 문제가 제기되었다(Fung과 Wright, 2001).

② 대의제 민주주의의 의사결정방법은 바로 합산민주주의(aggregative democracy)
라고 할 수 있다. 합산민주주의의 가장 중요한 의사결정방법은 바로 투표

(voting)이다. 합산(aggregation)은 참여하는 개인들의 선호를 합산함으로써 집단의 선택이 이루어지는 방식이다. 그러나 대의제 민주주의에서는 특히, 투표를 통해서 의사결정을 한다고 하지만 사회의 다양한 갈등 요인을 의사결정과정에 반영하지 못하는 문제를 지니고 있다.

③ 기술 관료제(해당 분야의 전문 관료)에 의한 의사결정은 기술 관료들의 전문성에 기반을 둔 의사결정을 핵심으로 하고 있다. 이러한 의사결정방식에서는 관료 혹은 다른 전문가들이 자신들의 훈련과 지식에 기반을 두어서 의사결정 권한을 거의 독점적으로 행사한다. 이에 따라 기술 관료제에 의한 의사결정방식은 국민들의 참여와 투입에 기반을 둔 의사결정이 아니라 기술 관료의 전문성에 기반을 둔 의사결정이라는 점에서 결정의 정당성을 확보하기가 쉽지 않을 뿐만 아니라 현장 가까이 있는 사람들의 의견을 제대로 반영하지 못한다는 한계를 지니고 있다(하현섭, 2006).

(3) 내용

① 담론(토론과 의견반영)을 통한 협상의 필요성 강조(시민과 정책결정자, 시민과 시민)
② 사회문제 해결을 위한 대안 도출 능력 중시
③ 상호주관성과 간주관적 입장 강조
④ 현상학과 구성주의적 관점과 인식을 같이 하고 있다.

5. 카오스 이론(혼돈이론, Chaos Theory)

(1) 개념

① 혼돈(chaos)이란 뚜렷한 형체 없는 물질 혹은 극심한 혼동 상태이다. 전통적인 뉴턴 패러다임의 관점에서는 형체 없는 무작위적인 것으로

간주된 많은 체제가 실상은 자연체제의 일부이며, 그 혼돈의 이면에 감추어진 일정한 패턴이 존재한다는 것이다. 혼돈이론에서는 불규칙한 듯 보이는 현상 속에 내재되어 있는 숨겨진 패턴을 의미하며, 결정론적 혼돈(deterministic chaos)을 말한다. 혼돈상태로부터의 질서, 혹은 불규칙성으로부터의 규칙성을 의미한다.

② 메타이론으로서의 카오스이론의 특성으로는 비선형 (Nonlinear), 순환 고리, 초기 조건에의 민감성 등을 들 수 있다. 비선형성 Newton 관점에서는 선형성을 가정하기 때문에 초기 조건이 조금만 변한다면 그 결과는 별 차이가 없다는 가정에 입각해 있으나, 혼돈적 관점에서 보면 미세한 초기 조건의 민감성으로 인해, 또한 비선형성과 순환 고리에 의해 조그만 초기 조건의 차이가 걷을 수 없이 증폭되어 그 결과치에 엄청난 영향을 미칠 수도 있다는 것이다.

(2) 내용

① 혼돈상태에서의 질서를 발견하려는 관점의 이론이다.
② 비정상적, 무질서 사회현상에 대처하는 행정학적 함의를 가지고 있다.
③ 기계론적 우주관과 조직 내부에 초점을 둔 이론이다.
④ 탈관료제를 처방책으로 인식한다.
⑤ 초기치 민감성과 나비효과 적용: 처음의 사소한 문제가 시간이 흐르면서 엄청난 결과로 증폭되는 상태를 카오스로 보았으며(초기치 민감성), 조직에서 리더의 행태변화와 같은 사소힌 요인이 혁신적 변화를 가져올 수 있다고 본다.

6. 시차이론(정정길)

(1) 의의

시차이론(Time Lag Approach)은 인과관계에는 시간적 간격이 개입하므로 어떤 원인변수가 결과변수를 가져오는 데 일정한 시간이 흘러야 한다는 것이다. 따라서 행정현상파악과 정책평가 및 행정개혁 등을 추진할 때에는 시간적 차이를 고려하지 않으면 정책실패를 초래할 수도 있다.

(2) 내용

① 시차이론은 하나의 정형화된 이론모형으로 존재하는 것은 아니지만 그 영향력이 지속적으로 확대되고 있다.
② 주요내용은 제도적 요소들의 도입 선후관계가 달라짐에 따라 그 결과가 엄청난 차이를 보인다는 것으로 제도의 요소들을 원인변수로 하고, 우리가 의도하는 효과달성을 결과변수로 할 때, 원인변수들의 작동순서가 인과관계 자체를 완전히 좌우한다는 것이다.
③ 원인변수들의 작동의 선후관계(sequence)가 원인변수와 결과변수 간 인과관계에서 결정적인 영향을 준다는 것이다.
④ 원인변수와 결과변수의 변화과정과 성숙단계 등 역사적 요인이 이론적 인과관계의 강도뿐만 아니라 방향까지도 변화시킨다는 것이다.

(3) 이론적 함의

① 정합성 확보: 정책평가나 개혁정책 추진 시 제도의 구성요소들 간의 내적 정합성 확보가 필요하다. 정합성이란 구성요소들 간에 상호 모순이 없는 관계를 말한다.
② 동태성의 전제 필요: 사회과학의 인과이론은 대체로 정태적 형태(민주적 리더십이 조직의 생산성을 향상시킨다. 중산층이 되면 정책순응도

가 높아진다 등)를 가지나, 이 이론에서는 동태적 전제가 있다.

Schmidt의 담론이론

1. 담론이란 정책엘리트들이 정책을 만들거나 자신들이 선택한 정책을 정당화하는 과정에서 다른 정책 엘리트들과 일반 국민들에게 전달하고자 하는 내용과 말들의 집합을 의미한다.
2. 담론은 일련의 정책 아이디어와 가치를 포함하는 아이디어 차원(ideational dimension)과 정책형성과 커뮤니케이션을 포함하는 상호작용 차원(interactive dimension)으로 구성되어 있는 개념이다.
3. 아이디어 차원에서 담론은 정책의 논리와 필요성을 주장하는 인지적 기능(cognitive function)과 공동체의 기본적 가치와 얼마나 부합하는가를 밝힘으로써 정책의 적절성을 주장하는 규범적 기능(normative function)을 수행한다. 상호작용의 차원에서 볼 때, 담론은 정책엘리트들 @상호간에 정책형성과 논쟁을 위해 필요한 공통의 언어와 논의의 틀을 제공하는 이른바 조정적 기능과 일반 국민들을 대상으로 정책의 필요성과 적합성을 설득하는 의사소통적 기능을 수행한다.

사회의사결정구조의 국가 간 비교(하현섭)

	제도의 특성	조정적 담론의 특성	소통적 담론의 특성	비고
한국	· 단일국가체제 · 대통령중심제 · 의회선거: 단순다 수 대표제와 비례 대표제 혼용	· 행정부 소수 정책 창안자의 주도 · 낮은 개방성	· 불충분한 홍보와 설득 · 오해와 의견충돌 · 이견수렴통로의 결여와 갈등발생 · 집단행동과 경제적·사회적 손실	권위주의 체제의 유산
영국	· 단일국가체제 · 입헌군주제 · 의원내각제 · 의회선거: 단순 다수대표제	· 수상과 각료, 행정관료 등 소수의 정책 창안자의 주도 · 낮은 개방성	· 활발하게 운영됨 · 의회질문시간 활용 · 대중매체 활용 · 집권당 전당대회 등	수상 권력의 강화
독일	· 연방제 · 의원내각제 · 의회선거: 단순다 수대표제와 비례 대표제 혼용	· 활발하게 운영됨 · 나양힌 행위자들(엘리트)의 참여에 의한 폭 넓은 담론 · 합의의 추구	· 상대적으로 간략함 · 각 집단 엘리트들의 집단 구성원 설득	조합주의 관행 (비공식적 형태)

7. 포스트모더니즘(post - modernism)

포스트모더니즘은 후기 산업사회를 지칭하는 것으로 정보화 사회의 특징도 포함된다. 산업화 이전 사회의 특징인 합리주의, 과학주의, 기술주의에 대한 비판으로 시작된 이론으로서 특징은 다음과 같다.
  (1) 구성주의: 사회는 인간의 주관적 사실에 의해 구성
  (2) 다원주의적 사회 추구
  (3) 상대주의: 객관적 관점에 대한 상대적 관점의 입장
  (4) 해방주의: 현실적 제약으로부터의 인간해방 주장
  (5) 타자성: 타인을 도덕적 자아로 인정하는 인식체계
  (6) 원자 사회적 및 탈영역화 등의 특징
  (7) 정보사회에 나타나는 다양한 인간욕구의 추구와 획일성을 거부하는 사회적 특징과 유사

현대행정과 행정책임 및 통제

01 행정책임과 통제

1. 의의

(1) 개념

① 행정책임이란 행정공무원과 행정기관이 주어진 행동규범에 따라 행동할 의무를 말한다. 따라서 공무원과 기관은 관계법령, 공익, 국민의 기대(요구, 행정수요), 공직윤리 등에 따라 업무를 충실히 수행해야 할 책임을 지고 있다.

② 행정책임은 공무원의 법적 권한과 재량권이 전제가 되며, 행정의 책임구현을 위해 행정 관료와 조직을 내부적 또는 외부적으로 통제하는 것이다.

③ 행정책임에는 공무원의 결과책임뿐만 아니라 과정 책임도 포함되며, 책임성(Accountablity)은 일반적으로 법률적 책임을 뜻한다.

④ 행정책임은 국가적 차원에서는 국민전체에 대한 국가역할의 정당성을 확인하는 것이라고 할 수 있으며, H. Finer는 공무원의 책임 있는 행동을 보장하기 위해서 공무원 개개인에게 통제를 행사해야 한다고 주장한다.

(2) 행정책임과 통제의 배경 및 필요성

① 현대 행정국가화: 시장실패 이후 행정규모의 확대와 더불어 행정의 권한과 기능의 강화로 책임과 통제의 필요성이 증대되었다.

② 체제의 균형발전: 행정의 권한과 기능이 강화되고 입법부나 사법부보다 우위의 위치에 놓인 행정우위의 현상을 나타내면서, 정치체제의 균형발전을 위해 행정부에 대한 통제가 더욱 요구된다.

③ 행정의 전문화와 재량권의 확대: 행정의 전문화는 능률을 가져오지만 할거주의 등 관료의 병리현상을 가져와 국민에 대한 민주행정을 저해할 수 있다. 또한 재량권의 확대는 양면성을 가지고 있다. 민주행정을 위해서는 일선관료의 재량성이 요구되지만 지나친 재량권은 부패를 초래할 수도 있기 때문이다. 따라서 현대행정은 재량권이 크게 증대됨에 따라 행정책임과 통제가 중요하게 되었다.

④ 민중통제의 미약: 정부주도형의 경제발전과 국민들의 정치수준과 정치체제의 발전이 저조한 신생독립국과 발전도상국, 그리고 군사정권에서는 관료부패가 심각하다. 그리고 국민들의 의식수준이 낮아 행정과정에의 참여가 곤란하며, 또한 참여가 제한되는 상황의 정치체제이므로 민중통제는 매우 미약하다. 따라서 이러한 체제와 상황에서는 행정책임의 구현은 어렵기 때문에 행정통제가 절실히 요청된다.

⑤ 행정의 민주성 증진: 행정 관료와 기관의 행정책임을 위한 노력과 적절한 통제는 국민에 대한 민주성 증진과 더 나아가 민주주의 실현이 가능해진다.

2. 행정책임의 유형

(1) 법적 책임과 재량적 책임

① 법적 책임: 공무원이 법규를 지켜야 하는 책임을 의미하며, 불이행은

법률적인 제재를 받게 된다. 공식적인 공무원의 책임을 말한다.

② 재량적 책임: 공익을 추구하고 윤리적인 기준에 반하지 않아야 할 책임이다. 공직자로서의 인격과 윤리적인 가치 추구적 수준의 책임을 말한다.

(2) 외재적 책임과 내재적 책임

① 외재적 책임: 행정환경에 대한 책임을 말하는데, 입법부, 사법부 또는 국민에 대하여 지는 민주적 책임을 의미한다.

② 내재적 책임: 조직 내적인 책임으로서 조직목표에 충실하고 상급자 명령에 대한 복종과 충실의 책임을 말한다.

(3) 정치적 책임과 기능적 책임

① 정치적 책임: 행정 관료가 대리인으로서의 국민에 대한 약속이행 등 규범적·민주적 책임을 말한다.

② 기능적 책임: 전문 직업 관료로서의 직업윤리와 전문적, 기술적인 능력을 갖추어야 하고 기준을 따라야 할 책임이다.

(4) 객관적 책임과 주관적 책임

① 객관적 책임: 관료의 외부적 통제기준으로서 공무원의 행동기준, 조직과 환경의 요구에 대응헤야 하는 책임을 말한다.

② 주관적 책임: 관료의 내부적 통제기준으로서 공무원의 공직관과 윤리관을 지켜야 하는 책임을 의미한다.

(5) 도의적 책임과 법적 및 응답 책임

① 도의적 책임: 국민의 대리인으로서 전반적인 공무원의 도덕적 책임을 말한다.

② 법적 책임: 공무원이 법규를 준수해야 하는 일반적이고 공식적인 책임을 말한다.

③ 응답 책임: 다양한 국민의 요구 등에 대해 즉각 응해야 하는 책임이다.

(6) 변명의 책임과 수난의 책임

① 변명의 책임: 공무원이 일으킨 결과에 대해 공적이고 합법적인 명령, 지시, 기준에 의한 행위임을 설명하는 책임을 의미한다.

② 수난의 책임: 공무원으로서 비난, 제재에 대해 감수해야 할 책임을 말한다.

3. 행정책임의 기준

(1) 1차 기준(명문규정이 있을 때)

각종 관련 법령에 명시적으로 규정된 업무절차와 목표 이행 등에 대해 책임지는 것이다.

(2) 2차 기준(명문규정이 없을 때)

법령에 행정책임의 기준이 명문으로 규정되어 있지 않은 경우에는 ① 공익 및 행정이념 ② 행정이념 ③ 조직 및 특정 정책 목표 ④ 직업윤리 및 업무 기술적 기준 ⑤ 행정환경 특히, 행정수요 등이 행정책임의 기준이 된다.

02 행정통제의 방법

1. 외부통제

(1) 개념

외부통제는 행정환경(행정기관 외의 집단)이 행정을 통제하는 것으로서 민주통제, 민중통제, 정치적 통제라고도 한다.

(2) 입법통제

① 개념: 국민의 대표기관인 의회에 의한 가장 전통적인 제도적·공식적 통제로서 정치적 통제이다. 그러므로 이 통제는 직접적이고 즉각적인 정책효과를 가져올 수 있다. 그러나 행정국가화되면서 전문성·기술성·재량권의 증대로 효과적인 통제기능을 수행하지 못하기도 했다.

② 방법
  ㉠ 입법권　　　　　　　㉡ 예산결산에 대한 심의 및 의결권
  ㉢ 국정감사 및 조사권과 질의권　　㉣ 대통령 탄핵소추권
  ㉤ 국무위원 임명동의 및 해임건의권한 등으로 행정을 통제하고 있다.

③ 한계
  ㉠ 행정에 대한 위임의 증가(위임입법, 행정입법)
  ㉡ 행정의 전문성과 기술성 등을 따라가지 못함(자료수집 및 분석저리 상의 한계, 전문·기술적 입법의 한계)
  ㉢ 행정 권력과 재량성의 증대
  ㉣ 국민대표기관으로서의 능력과 의식부족
  ㉤ 당파성과 개인이익에 충실한 입법부와 의원의 역할

(3) 사법통제

① 개념: 사법부에 의한 제도적·공식적 통제이다. 사법부의 역할은 법령의 재해석 기능을 통하여 행정부를 견제한다. 즉 국민이 행정에 의하여 위법하게 권익을 침해당한 경우 이를 구제하거나 또는 행정명령의 위헌, 위법 여부를 심사함으로써 행정의 권한 남용과 오류 등 행정활동을 통제하는 것을 의미한다.
② 방법: ㉠ 행정소송 ㉡ 법령심사권 또는 위헌심사제도 ㉢ 손해전보 등
③ 한계
   ㉠ 이미 행정관청이 내린 것에 대한 소극적, 사후적 구제 수준
   ㉡ 전문성 부족
   ㉢ 시간과 비용의 과다소요
   ㉣ 정부능력에 대한 국민의 한계
   ㉤ 사법부의 독립성 전제
   ㉥ 공무원의 부작위나 윤리 등에 대한 통제는 제한됨

(4) 민중통제

① 개념: 일반 국민에 의한 통제로서 비공식적인 외부통제의 대표적 통제수단 중의 하나이다.
② 방법
   ㉠ 선거권 행사, 주민감사청구제, 주민소송제, 주민발안, 주민소환, 예산참여 및 감시운동, 납세자의 날 운영 등
   ㉡ 언론 및 여론을 통한 비판 등
   ㉢ 이익집단의 행정참여
   ㉣ 시민참여(집회, 시민운동, 여론 활동, 공청회 참여, 행정자문위원회에의 의견제출 등)
   ㉤ NGO의 활동
   ㉥ 정당 활동을 통한 국민의 여론수렴 및 반영

③ 한계
    ㉠ 민주적 정치체제가 전제
    ㉡ 국민의 높은 정치수준이 필요
    ㉢ 국민의 투입기능 강화가 관건
    ㉣ 효율적인 제도적 통제 방안 강구

(5) 옴부즈맨제도

① 개념: 옴부즈맨이란 호민관 또는 행정 감찰관을 말하며, 옴부즈맨제도
   는 1809년 스웨덴에서 발전하여 입법부와 사법부의 통제를 보완하는
   제도로 활용되었다. 행정공무원의 행정활동이 합법적, 합목적적으로
   수행되지 않아 피해를 입은 시민의 민원제기에 따르거나 제도적 직권
   에 의한 조사 및 시정을 촉구하는 민주적 제도이다.
② 특징
    ㉠ 비당파성과 정치적 독립성을 소유: 옴부즈맨의 직무활동은 독립적
       권한이 보장된다. 의회소속 기관이지만 비당파성과 정치적 독립성
       이 강조된다.
    ㉡ 조사관의 신분: 조사관은 입법부에서 선출된 입법부소속 공무원이다.
    ㉢ 법적 구속력의 한계성: 조사결과에 따라 불법이 확인되었다 하더라
       도 행정관청의 결정에 대해 취소 및 변경시킬 수 있는 법적 권한
       이 없다. 단지 결과를 행정관청에 통보하고 시정조치를 요구하거
       나 위법 사항 등을 의회와 대중에게 알리는 간접통제로 본다.
    ㉣ 민주적 제도의 기능: 법적 구속력 등과 같은 강력한 통제기능을 하
       지 못하는 한계가 있지만 국민들의 불만 등을 즉시 정치적으로 반
       영할 수 있는 제도로서 민주성을 증진시켜 준다.
    ㉤ 조사기능과 권한의 광범위성: 옴부즈맨제도는 시민의 민원제기뿐만
       아니라 여론과 언론에 제기된 불법사항도 직권으로 조사가 가능하
       다. 조사 및 고발권, 감독권, 제안 및 의견진술권, 공개권 등 다양

한 권한을 가지고 있다.

ⓗ 작위 및 부작위 등의 포괄적 조사 가능: 합법성과 합목적성의 문제를 조사대상으로 하고 있는데, 법원공무원을 포함한 모든 공무원의 명백한 비리나 불법 행위뿐만 아니라 부당행위, 과실, 민원에 대한 불응답과 같은 부작위나 작위에 대해 모두 조사할 수 있다.

③ 장단점

㉠ 장점

㉮ 민주성 강화: 국민의 이익과 인권을 보장하고 국가와 이어 주는 의사전달의 수단과 시민참여, 행정을 통제하는 기능을 발휘할 수 있으므로 민주성 강화에 기여한다.

㉯ 행정통제의 효율성: 국민 전체가 비공식적으로 행정을 통제하고 감시하는 효과를 가져와 효율적인 행정 통제를 기할 수 있다.

㉰ 처리상의 신속성과 저렴성: 법원을 통한 소송은 시간과 비용이 많이 들지만 옴부즈맨 제도는 신고과정이 용이할 뿐만 아니라 처리비용과 시간이 적게 든다는 점이 가장 큰 장점이다.

㉡ 단점

㉮ 유사 감찰기관과의 갈등: 타 기관 및 타 제도와의 기능중복으로 기관 간 갈등을 초래할 수 있다.

㉯ 적극적 통제의 곤란: 고발에 대한 결과를 시정 및 변경시킬 수 있는 법적 구속력의 결여로 한계를 가지고 있다('이빨 없는 개'로 표현).

㉰ 소극적 및 사후적 통제: 공무원의 비리나 위법사실에 대해 간접적인 통제에 불과하므로 역할이 소극적이고 사전에 예방할 수 있는 통제능력은 없다.

㉱ 직권조사의 문제점: 국민의 고발에 의한 조사뿐만 아니라 여론과 매스컴에 의한 사항도 조사할 수 있는 직권조사의 경우 불확실한 정보에 의존한 조사와 허위고발 등은 공무원 개인과 관청의 불이익을 초래할 수도 있다.

(6) 우리나라의 옴부즈맨제도(권익위원회)

① 의의
- ㉠ 개념: 권익위원회의 행정통제는 스웨덴의 옴부즈맨과 흡사한 통제 방식으로서 민주행정구현을 위한 제도개혁의 일환으로 설치된 총리직속의 합의제 기관이다
- ㉡ 설치목적: 행정기관의 위법하거나 불법한 처분이나 정책과 제도 등의 잘못된 적용으로 국민의 권리침해와 불만사항이 발생한 사안에 대해 공정한 입장에서 처리해 주기 위한 제도이다.
- ㉢ 조사대상: 국민의 민원제기에 의한 행정기관의 위법·부당한 행위로써 작위는 물론 부작위를 모두 포함한다. 또한 불합리한 행정제도 및 관행에 의해 발생한 국민의 권리침해와 불편·부담을 주는 사항 일체를 조사대상으로 하고 있다(제외대상: 민원인과 해당관청이 직접 관계가 없는 민원과 사실발생 후 1년이 지난 사항).
- ㉣ 구성: 위원장을 포함한 10인 이내의 위원으로 구성되고 위원은 대통령의 임명 또는 위촉으로 이루어진다. 위원의 임기는 3년으로 1차 연임이 가능하다.

② 기능
- ㉠ 시정권고기능: 행정기관의 위법하고 부당한 처분과 행위 또는 불합리한 제도 등으로 인하여 발생한 국민의 권리침해와 불편사항을 민원인들이 신고하였을 경우, 이를 조사하고 민원인의 소원내용이 정당하다고 판단되면 그 조사결과를 해당 기관에 통보하여 시정을 권고한다.
- ㉡ 민원처리 및 상담기능: 각 행정기관의 종합민원기능 수행과 법령, 제도, 절차 등에 대한 상담 및 문의업무도 수행하고 있다.

③ 특징 및 한계
- ㉠ 내부통제수단: 국민고충처리위원회는 옴부즈맨제도와 달리 직권조사권이 없으며, 단지 국민의 민원제기가 있을 경우에만 조사권을

갖는다. 따라서 국민고충처리위원회가 행정기관이라고 해서 내부
통제로 보기에는 한계가 있지만 조직구조와 제도개선을 촉구할 수
있는 기능으로 보아 내부통제로 보는 것이 현실적이다.

ⓒ 정치적 독립성의 문제: 대통령직속 기관이므로 옴부즈맨과 같이 완
전한 정치적 독립성은 없다. 따라서 법률상의 기관이지 헌법상의
기관은 아니다.

ⓒ 법적 구속력의 문제: 위원회의 결정은 옴부즈맨제와 같이 해당 행
정기관의 처분을 취소, 변경시킬 수 있는 법적 구속력이 없다. 다
만 우리나라는 위원회의 권고 또는 의견을 받은 행정기관은 이를
존중하고 충실히 할 것을 법에 명시해 놓음으로써 법적 구속력의
한계를 보완하고 있다<민원사무처리에 관한 법률 제35조>.

2. 내부통제

(1) 개념

외부통제와 반대되는 개념으로서 외부행정환경의 통제가 외부통제라면
내부통제는 행정조직 내적 통제로서 법적·제도적인 통제와 윤리적 통제와
같은 무형적 요소의 통제 성격도 모두 포함한다. 내부통제의 목적은 행정책
임을 통한 행정능률성 확보는 물론 거시적으로는 국민을 위한 민주성을 추
구하기 위함이다.

(2) 내부통제의 원칙

① 합목적성의 원칙: 행정통제의 목적에 알맞은 통제수단을 사용하여야
한다.

② 즉시성의 원칙: 통제계획에 대한 변동 및 편차가 발견되는 즉시 시정
이 이루어져야 한다.

③ 적량성의 원칙: 통제의 정도가 적정해야 한다는 원칙이다. 지나친 통제는 조직의 침체를 가져올 수 있으며, 통제약화는 재량의 확대와 관료주의화 등 관료제의 병리현상을 초래하기 때문이다.

④ 경제성의 원칙: 통제에 소요되는 투입보다 통제로 인한 효과가 더 커야 한다.

⑤ 효용성(지속성)의 원칙: 통제에 사용되는 수치나 보고는 그 후에도 어느 기간 동안 지속되는 효용성이 필요하다.

⑥ 일치성의 원칙: 통제는 통제받는 대상자의 권한과 책임이 일치되어야만 한다. 권한과 책임이 일치하지 않으면 책임만 묻게 되어 통제에 대한 거부감을 갖게 되며 저항만 커지게 된다.

⑦ 신축성(적응성)의 원칙: 계획상 예기하지 않았던 변동이나 상황에 대처하고 적응하도록 통제가 이루어져야 한다.

⑧ 예외성의 원칙: 관리자는 모든 조직 활동을 통제하기는 불가능하므로 예외 사항을 정해 놓고 통제해야만 통제가 가능하며 효율성도 확보할 수 있다.

(3) 내부통제의 유형

① 제도적·공식적 내부통제

　㉠ 행정수반에 의한 통제: 대통령 권한에 의한 통제로서 ㉮ 리더십과 권한행사 ㉯ 정책결정권 ㉰ 공무원 임면권 ㉱ 준입법권과 행정개혁권 ㉲ 정치적 자율성을 바탕으로 한 영향력 행사 등

　㉡ 정책 및 기획통제: 국가 전반의 종합적인 정책 및 개발계획의 조정과정에서 나타나는 통제를 말한다. 대상은 대통령 비서실, 국무회의, 국무조정실, 각종 차관회의 등이다.

　㉢ 감찰 통제: 행정활동의 합법성을 기준으로 공무상 비위나 직무태만 등에 대한 감찰활동을 통한 통제를 말한다. 전 공무원에 대한 감찰은 감사원이 회계감사와 직무감찰을 실시하고 있으며, 각 부처

에도 해당부처의 감찰을 위한 기능을 두고 있다.

② 관리(운영)통제

㉮ 개념: 관리통제란 행정기관의 업무가 계획된 대로 진행되고 있는지를 심사하고 평가하여 문제점에 대한 시정을 통한 전형적인 통제 유형이다. 우리나라는 통제의 측면에서 과정평가 중의 하나인 심사분석 또는 심사평가라 해 왔으며, 분기별 또는 반기별로 실시하는 부처별 업무분석과 더불어 업무에 대한 평가와 환류로 운영통제를 가능케 한다. 지금은 정부부처에서 정부업무평가로 명칭을 바꾸었다.

㉯ 종 류: 인사, 물자, 예산, 회계, 정원 등을 통제하는 요소별 통제와 행정과정의 절차에 따르도록 하는 절차적 통제 등이 있다.

㉰ 부정적 환류통제와 긍정적 환류통제: 부정적 환류통제는 목표에 이탈한 경우의 통제를 말하며, 목표에 이탈하지는 않았지만 목표수준에 도달하지 못한 경우의 통제는 긍정적 통제이다.

⑩ 기타 내부고발제와 보호: 휘파람은 제3자에 대한 신호수단으로 사용해 온 사실에서 유래된 개념으로서 공무원이 자기가 소속되어 있는 기관과 동료 공무원들의 비위사실에 대해 외부에 폭로하는 것을 말한다. 우리나라도 내부고발자보호법을 제정하여 인사상의 불이익을 받지 않도록 하고 있으나 현실성이 매우 낮은 제도수준에 머무르고 있는 실정이다. 즉 인사상의 불이익을 가한 자에게는 형사 처벌과 과태료(1,000만 원 이하)를 부과하고 있지만 결국 내부고발한 자가 조직을 이직하는 경우가 대부분인 것이 현실이다.

② 비제도적 · 비공식 내부통제

㉠ 행정인의 직업윤리에 의한 자율통제로서 가장 바람직한 통제방안이다.

㉡ 대표관료제도에 의한 통제: 기존의 공무원과 대표성을 띠고 임용된 공무원 간의 보이지 않는 견제가 통제로 작용할 수 있다. 인간 사이의 통제이므로 비제도적이고 비공식적인 통제에 해당된다.

③ 기타 통제유형으로서 정부의 공기업과 제3섹터에 대한 통제와 중앙정
부가 지방정부를 통제하는 것을 말한다.

(4) 환류통제의 유형

① 부정적 환류통제: 목표의 궤도를 이탈한 경우 수정을 가하는 통제
② 긍정적 환류통제: 목표의 궤도는 이탈하지 않았지만 목표 도달에 차질
이 예상되는 경우의 통제

미래지향적 행정과 개혁

01 행정개혁의 의의

1. 행정개혁의 개념 및 특성

(1) 개념

행정개혁이란 행정을 대내외적인 환경변화에 대응하기 위한 조직구조, 조직운영, 업무관리개선, 조직구성원의 의식변화 등 많은 부분을 포함하고 있다. 개혁의 원인은 내외부적인 요인에 의해 인간의 의도적인 노력이며, 조직의 효율성과 생산성, 환경에 대한 대응성 제고를 위한 조직적이고 체계적인 변혁이다. 개혁의 추진방식은 급진적인 것과 점진적인 것으로 크게 나누어 볼 수 있다. 어느 개혁방식이 좋다 나쁘다 하는 것은 개혁주체의 주관적이며, 상황에 따라 다르게 선택하는 것이 좋지만 보편적인 인식은 점진적인 개혁을 바람직한 것으로 보고 있다.

(2) 특성

① 인위적, 의도적, 계획적인 변화과정　② 정치적 과정
③ 동태적·행동지향적인 계속과정　④ 전면적·총체적인 변화 추구
⑤ 집권적 관리　⑥ 저항과 저항 억제의 반복과정
⑦ 바람직한 미래지향적 활동　⑧ 비정형적 결정

⑨ 개혁 후의 후유증 관리 필요   ⑩ 개방 체제적 특성

2. 행정개혁의 필요성

행정개혁의 필요성은 국가마다 상황마다 여러 가지 요인이 많지만 보편적으로 일차 목표는 물리적, 자연적 환경변화와 행정수요에 대한 대응능력의 신장, 신기술의 도입에 따른 행정관리의 변화, 비능률적인 요소의 개선, 관료제의 각종 병리현상 타파, 조직구조의 조정 통합, 국가지도자의 개혁의지 관철 등으로 볼 수 있다.

02 행정개혁의 달성방법

1. 구조적 접근방법

(1) 개념

전통적인 접근방법으로서 조직의 구조와 제도를 재설계하는 정부조직의 개편이 대표적이다. 국가적인 차원의 구조개선은 중앙정부와 지방정부 간 역할 재정립과 민간부문에의 기능이양도 포함된다. 이 모든 노력은 과학적 관리론과 막스 베비의 관료제 이론에 기초한 조직의 합리성과 효율성 제고에 있다. 우리나라의 경우 지금까지의 개혁방식은 주로 여기에 해당된다.

(2) 주요내용

① 기구, 법제ㆍ직제의 개편과 기능중복의 제거 및 개선
② 권한의 적절한 배분과 권한 및 책임의 한계 명확화

③ 분권화를 통한 권한위임과 의사전달 원활화를 위한 전달체계 개선
④ 조직운영원리체계의 재정립(통솔범위의 재조정 및 명령계통의 개선 등)

(3) 한계

① 조직구성원의 가치나 태도 등을 고려하지 않은 하드웨어적 변화추구
이다. 합리적인 조직구조 개선도 그 구조를 운영하는 조직구성원의
능력과 태도에 따라 성공여부가 달려 있기 때문이다.
② 조직의 다이내믹하고 동태적 변화나 환경요소를 고려하지 않은 개혁
방법이다. 조직의 개혁목적은 환경대응능력의 향상을 통한 조직의 효
율성 증진, 생존성 강화를 위한 것인데, 환경을 고려하지 않았다는 것
은 비합리적이며, 정태적·보수적 변화추구 방식이다.
③ 신생독립국이나 발전도상국과 같은 제3세계는 민간자본의 부족, 사회
간접시설 등의 절대적 부족의 상태에서 정부구조와 법령, 제도를 개
혁한다고 해서 개혁의 수행과 원하는 국가목표를 달성할 수 있겠느냐
하는 의문이 생기지 않을 수 없다.

2. 관리·기술적 접근방법

(1) 개념

① 관리적 변화방법: 업무절차와 방법을 개선하는 것으로서 인사행정, 조
직, 예산관리와 문서 및 자료관리 등을 포함한다.
② 기술적 변화방법: 위의 관리적 개선을 뒷받침할 수 있는 관련기술을
조직에 도입하고 컴퓨터 시스템을 활용한 변화추구 방법이다.
③ 벤치마킹: 주로 기업부문에서 적용되고 있는데, 타 기업의 성공경영사
례를 도입하여 적용하는 것을 말하며, 관리 기술적 접근방법 중의 하
나이다.

(2) 주요 내용

① 행정전산망의 구축으로 대외적으로는 공개행정의 달성, 민원행정절차
   의 간소화, 각종 주민편의 행정 추구 등이 가능해지며, 대내적으로는
   업무절차상의 비능률성 제거, 컴퓨터 기술을 통한 신속하고 정확한
   자료처리, 사무자동화, 의사결정의 과학화, 예산결정 및 집행의 과학
   화 등을 추구한다.
② 변화내용
   ㉠ 문서양식의 통합 및 폐지
   ㉡ 인력계획수립 및 관리에 관리과학기법의 적용
   ㉢ 컴퓨터를 활용한 인사배치(군 조직)
   ㉣ 합리적인 사무실 배치 및 사무의 기계화
   ㉤ 직무분석의 체계화 등

(3) 한계

조직의 운영이 신속하고 편리한 장점은 많으나 컴퓨터 등 기계적 사고로
이루어지기 때문에 인간소외가 나타날 수 있다. 따라서 기술과 인간적인 요
소 간의 갈등이 발생할 수 있다. 또한 인프라구축의 비용이 매우 높고 조직
구성원이 적응과정에서의 저항도 크게 나타난다.

3. 인간 행태적 접근방법

(1) 개념

공무원의 가치관·신념·태도와 같은 행태의 변화를 강조하는 개혁 유형
이다. 즉 구조적·관리 기술적 개혁방법이 성공하기 위해서는 이를 운영하
는 공무원의 의식이 중요하다는 것이다. 조직발전의 기법인 조직발전(OD)

이 이에 해당되며, 하드웨어적인 구조적·관리 기술적 개혁방법에 소프트웨어적인 인간 행태적 개혁방식을 적용하여 보완하는 것이 요청된다.

(2) 주요 내용

① 정신교육을 기초로 각종 교육훈련, 연수, 대외 기관에의 위탁교육, 정보화 교육, 초빙강연, 일과 외 개인능력발전을 위한 기회 제공 등을 방법으로 한다.
② 비공식 조직 및 집단적 취미생활보장을 위해 여러 프로그램을 제공하고 재정을 지원함으로써 구성원으로 하여금 조직의 목표를 제고시키고 조직에의 귀속감을 강화시킨다.
③ 행정윤리를 확립시켜 부정부패를 억제하고 민주성을 강화시키려는 교육의 목표를 가지고 있다.

(3) 한계

① 인간의 행태변화는 구성원의 적극적인 변화 마인드가 전제되어야 하며, 그 변화의 속도는 매우 느리고 장시간이 소요된다.
② 관리층의 다른 기관으로의 인사이동으로 개혁이 지속되지 않을 수도 있어 성공여부가 불투명하다.
③ 각종 교육에 대한 예산지원과 최고관리자의 성공의지 노력이 매우 필요하며, 솔선수범이 강조된다.
④ 행정문화뿐만 아니라 그 나라의 사회문화와도 관계를 맺고 있기 때문에 제도의 지속성과 경로의존성으로 인해 변화에 대한 저항과 추종자와 비추종자 간의 갈등이 예상된다.

03 행정개혁의 과정과 저항

1. 행정개혁의 과정

(1) 개혁의 필요성 인식

개혁은 아래로부터의 개혁과 위로부터의 개혁이 있는데, 보편적인 바람직한 개혁은 아래로부터의 개혁으로 인식하고 있다. 행정개혁은 개혁의 주체인 권력의 핵심에서 시작되는 위로부터의 개혁에 해당된다. 이 단계는 문제의 인지단계로써 상황조건에 따라 개혁주체가 주관적인 판단으로 필요성을 인식하면서 개혁이 시작된다.

(2) 개혁안의 마련

이 단계는 입안단계이자 실천방안을 모색하는 단계로써 주로 개혁범위, 개혁수준, 개혁내용 및 방법, 개혁에 따른 저항 및 제약, 개혁참여자 등을 결정한다.

① 조직구성원(국내자, 局內者)이 개혁의 주체인 경우: 개혁의 결과로 인해 영향을 받는 대상자보다는 주체자의 이익과 관점에 의해 개혁이 추진되는 문제점이 있다. 따라서 종합적이고 객관적인 개혁안 수립이 곤란하다. 그러나 장점으로는 추진력이 강하고, 시간과 경비가 절감되며, 구제적이고 현실싱이 높다.

② 조직 외 인사(국외자, 局外者)가 개혁의 주체가 되는 경우: 외부인사가 주체가 되기 때문에 국민의 지지획득이 용이하고 대중의 이익이 우선시될 수 있다. 따라서 효율성과 지속성이 높고 종합적이며 객관적인 개혁안이 마련될 수 있다. 그러나 많은 시간과 경비가 소요되며, 관료의 능력과 재원문제, 정치적·현실성 등을 고려하지 않은 개혁이 될

수 있다는 단점이 있다.

(3) 개혁의 시행

개혁을 구체적인 사업을 통해 시행하는 단계로서 가장 많은 시간과 노력이 요구되는 단계이다. 개혁의 행동실천자를 재점검하고 각종 재원의 동원과 법안의 정비도 필요하다.

(4) 개혁의 평가 및 환류

개혁이 제대로 시행되고 있는가 또는 되었는가를 평가하는 것으로서 시행과정과 결과에 대한 효과성·능률성·민주성 등의 기준으로 이루어진다. 행정개혁의 평가가 객관성과 공정성으로 이루어지도록 하기 위해서는 외부 인사나 개혁조직 외적인 제3자를 참여시키는 것이 바람직하다. 성공적이고 지속적인 개혁을 위해 평가결과의 환류가 병행되어야 하며, 특히 국민의 여론에 신경을 써야 한다.

2. 행정개혁의 저항요인과 해결방안

(1) 저항요인

① 기득권 세력의 저항: 지금까지의 제도 등으로 여러 혜택과 이익을 누려 왔던 세력들은 개혁으로 인해 새로운 제도나 개혁으로 자신들의 이익이 침해당할 우려가 있기 때문에 반대하게 된다(신분상실, 지위상의 침해, 보수 등 현존과의 비교에서는 여러 이익의 감소 등).
② 행정 문화적 속성: 관료조직문화 등 여러 가지 행정문화적인 지속성과 경로의존성은 변화를 두려워하거나 수용하지 않으려 한다(보수성과 현상유지 성향).

③ 개혁내용의 불확실성: 개혁내용이 포괄적이고 애매모호하면 실천이 어려워지고 자신의 무능력으로 인식하면서 불안감과 소외감을 유발시켜 불응 태도를 보이기 쉽다. 또한 개혁내용의 불확실성과 피개혁자의 수행능력부족은 더욱 저항을 가중시킨다.

④ 행정외부환경의 저항: 개혁과 관련한 이익집단과 국민들은 개혁의 내용과 타산적 이해관계에 따라 행동을 표현한다. 자신들에게 이익을 가져다 준 행정기관의 축소와 폐지 같은 변동에 대해서 저항을 하기 마련이다.

⑤ 절차적 합리성의 문제: 추진방법과 절차가 비합리적일 때는 개혁전반에 거쳐 비효율성과 같은 문제점을 발생시켜 저항을 불러온다. 즉 개혁안 마련 과정에서 사전 홍보가 충분히 이루어지지 않거나 참여의 제한 및 합의가 이루어지지 않은 개혁은 저항이 그만큼 크므로 개혁추진 과정에서 강압의 수단이 작용할 수밖에 없으며, 비판세력이 결집되는 등 저항이 수반된다.

⑥ 개혁자체의 속성: 개혁의 결과에 따라 항상 혜택을 받는 집단과 손해를 보는 집단이 항상 동시에 존재하는 개혁 본래의 속성으로 저항은 필연적이다(그러나 칼도와 힉스는 개인의 손해가 발생하더라도 사회전체적으로 이익의 총합이 더 크게 발생한다면 시행해야 한다고 주장하고 있다).

⑦ 기타 저항요인으로는 개혁에 대한 국민의 무관심, 비공식 조직문화의 무시, 개혁 주체세력과 피개혁세력 간 또는 계선과 참모의 갈등 등이 있다.

(2) 해결방안

① 공리·기술적 접근방법: 공리적 접근방법은 개혁의 결과로 인한 피해를 물질적인 보상으로 대처하는 방법이다. 주로 경제적인 보상이나 기회를 제공하는 반대급부형식으로 이루어지며, 부작용이 없는 가장 확실

한 방법에 속한다. 기술적 전략방법은 개혁에 대한 저항요소를 최소화시키기 위한 전략으로서 급진적 개혁보다는 점진적 개혁으로 동조를 요청하고 개혁내용 및 방법의 명확화, 반대자에 대한 인사이동 조치, 진행 중 저항요인이 되는 내용은 수정을 통해 추진의 탄력을 추구한다.

② 사회·규범적 접근방법: 개혁의 정당성과 필요성을 인간적인 측면에 중점을 두고 설득시키는 방법이다. 자발적인 참여를 유도할 수 있어 가장 이상적이며 바람직한 대안이다. 설득의 방법은 직간접적 접촉, 교육훈련, 의사전달의 활성화, 개혁분위기 조성 등을 포함한다.

③ 강제적 접근방법: 가장 전통적인 방법으로서 해결을 위한 노력의 마지막 단계에 취할 전략으로 선택되어야 한다. 개혁을 위한 강압분위기 조성, 강제명령 및 강제 인사조치, 감독 및 통제, 급진적 개혁 추진 등이 방안에 속한다.

04 최근 각국의 행정개혁

1. 우리나라의 행정개혁

(1) 김대중 정부의 행정개혁

① 목표

　　㉠ 효율적인 정부운영　　　　　㉡ 국민 중심적 봉사정부

　　㉢ 기능 중심적 정부지향

② 조직개편 내용

　　㉠ 신설부서: 기획예산처, 중앙인사위원회, 국정홍보처, 문화재청, 식품의약안전청, 여성부(부총리제 부활)

　　㉡ 명칭변경 및 개편부서: 재정경제원 → 재정경제부, 외무부 → 외교통

상부, 통상산업부 → 산업자원부, 과학기술처 → 과학기술부, 행정조
정실 → 국무조정실, 정무 제1, 2장관직 폐지
　　ⓒ 도입제도: 책임운영기관제, 성과급보수제, 개방형 인사제도, 고객(시
민)헌장 제도, 국가공무원총정원제

(2) 노무현 정부의 행정개혁

① 자율화, 분권화 시스템 구축, 전 공무원의 참여를 통한 혁신
② 신공공관리론적 작은 정부가 아닌 효율적인 정부기능 강화 추구
③ 조직의 슬림화는 조직의 자율성에 맡기었음(부처이기주의로 실패)
④ 정부혁신 지방분권위원회를 중심으로 한 혁신: 21세기의 혁신국가 건설

C heck

P oint

참여정부 혁신의 특징(윤성식)
1. **최고책임자인 대통령의 확고한 혁신의지와 참여**: "혁신은 생존의 필수조건이다."
2. **지속적 혁신 추구**: 참여정부의 혁신은 5년 내내 지속될 것이다.
3. **참여정부의 뚜렷한 비전과 7개의 체계적인 콘텐츠 존재**: "21세기 혁신국가의 건설"
4. **체계적이고 일관성 있는 혁신**: 비전, 콘텐츠, 개별혁신과제의 3단계 수직구조로 구성되어 있으며, 인사, 조직, 예산, 업무프로세스 등 수평구조로 구성되어 있다.
5. 총체적인 기획의 산물인 로드맵이라는 큰 틀 속에서 개별혁신과제가 점진적으로 진행되고 있다(예 조세개혁).
6. **절차적 합리성**: 로드맵은 학계와 민간전문가들의 의견을 충분히 수렴하여 만들어졌고, 혁신추진과정에서도 정부부처와 이해관계자들의 토론과 참여를 거쳐 합의에 도달하고 있다.
7. **공직사회의 조직문화와 행태 개선에 역점**: 조직구조 조정, 인원감축 등 단기적 성과과시형 개혁보다 시스템 개혁에 초점을 둔다. 혁신에 대한 감정, 정서, 태도, 시각이 긍정적이어야 혁신자동장치가 작동할 수 있으며, 공무원의 사고와 관행이 바꾸지 않으면 혁신은 실패할 수밖에 없다.
8. **공무원을 중심으로 한 자율개혁을 기조**: 공무원을 개혁의 대상이 아닌 개혁의 주체로 삼는다는 점도 참여정부 혁신의 특징 중 하나이다. 즉 현업에서 일하는 사람들이 가장 많이 알고 있으므로 여건만 조성된다면 혁신에 나설 수 있다는 믿음과 공무원의 자발적 참여가 담보되지 않는 혁신은 일회성으로 그칠 우려가 있으므로, 지속적이고 성공적인 혁신을 위해서는 공무원을 개혁의 주체로 삼아야 한다는 것이다.
9. **혁신 자동장치를 구축할 수 있도록 5년 내내 혁신을 추진**: 과거에는 정부가 들어서면 처음 1년 정도 정부혁신에 주력하다가 점차 시들해졌으나, 참여정부의 혁신은 날이 갈수록 본격화되고, 5년 내내 할 것이다. 이를 통해 성과평가시스템과 혁신문화를 구축하여 혁신이 상시적·자동적으로 이루어지는 혁신 자동장치를 구축하고자 한다.
10. **해외로 수출할 수 있는 혁신을 추구**: 선진국의 우수한 혁신사례와 실패사례를 거울삼아 세계에 수출할 수 있는 모범적 혁신사례를 만들어 전파할 것이다. 디지털예산회계시스템은 예산과 회계의 통합시스템으로서 전 세계의 최근 혁신사례를 벤치마킹하고 있는데 월드뱅크와 손잡고 추진하고 있으며 성공적으로 정착되면 전 세계에 모범사례로 전파할 계획을 월드뱅크가 가지고 있다.

비전 2030

1. 한 세대 앞을 내다보는 최초의 국가 장기 종합전략
- 현재의 5년 단위 국가재정운용계획을 넘어 20~30년 앞을 내다보는 장기 종합전략
2. 성장과 분배가 함께 가는 '동반성장' 추진
- 성장과 복지를 동전의 양면관계로 인식, 복지정책을 성장전략의 하나로 접근
- 동반성장을 뒷받침하기 위해 인적자원 고도화, 사회적 자본 확충, 능동적 세계화를 적극 추진
3. 제도혁신을 전제로 투자 확대
- 잘못 설계된 복지제도 유지 시 재정의 지속가능성이 위협받고 재정을 투입해도 복지 체감도는 제자리 수준
* **재정위험 사전 제거**: 국민 · 직역연금 개혁 등 효율성 제고: 주민생활지원서비스 전달체계 개편 등
4. 복지 투자는 확대하나, 2030년에 현재의 선진국 평균 수준
- 복지지출은 2020년경에 01년 미국 · 일본 수준, 2030년에 01년 OECD 평균수준에 근접
- 경제 분야 투자는 민간역할 강화를 통해 지속 추진
5. 2010년까지는 증세 없이 비전 2030을 추진
- 그 이후에는 어느 정도의 복지수준을 얼마만큼의 국민 부담으로 추진할지에 대해 국민적 논의 필요

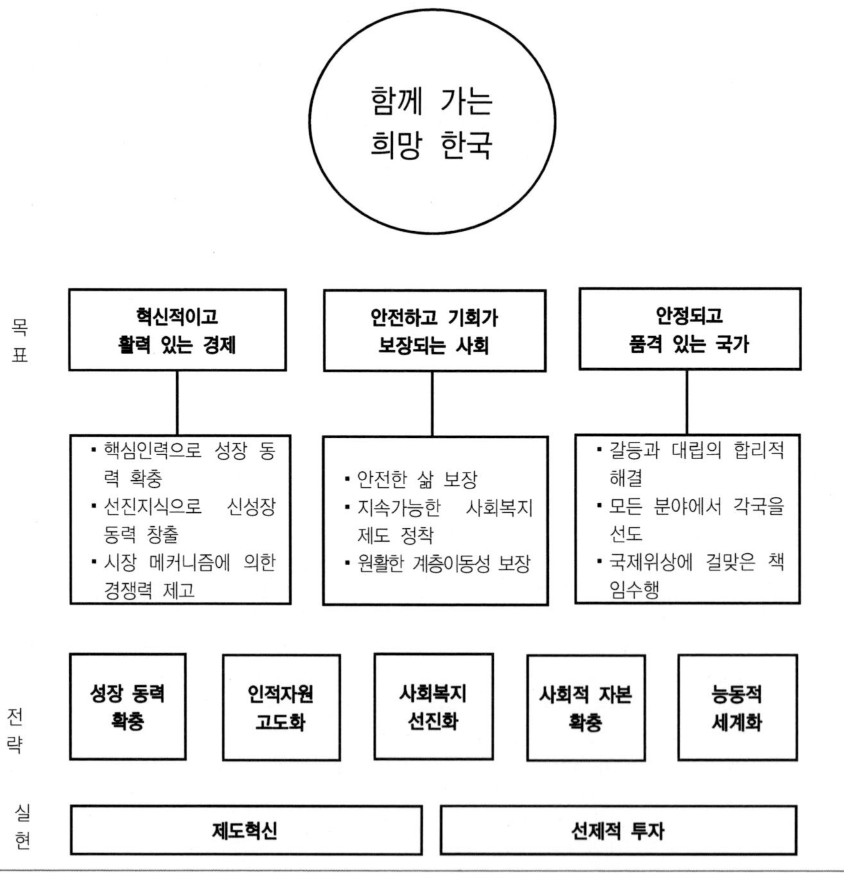

2. 미국의 행정개혁

(1) 클린턴 정부의 행정개혁

① 성격: 클린턴 정부의 행정개혁은 경제적인 압박과 국방예산의 증가 등 많은 경제적·정치적 압력으로 개혁의 필요성이 높아지는 상황이 었다. 따라서 시민이 원하는 정부역할을 강조, 경제적인 행정업무의 추구, 효율적인 관료의 책임과 권한의 분배, 효과적인 업무수행을 위한 행정체제의 개선 등을 특징으로 하고 있다.

② 배경: Osborne과 Gabler의 '정부의 재창조' 프로젝트의 영향을 받았다.

③ 국가업적평가위원회(The National Performance Review)의 설치: 국정 성과평가단이라고도 하며, 1993년 고어 부통령을 중심으로 국가의 업적을 성과중심으로 객관적으로 평가하여 정부의 재설계를 도모하고 고객 중심적 신관료제 문화의 창출을 시도했다.

(2) Gore 개혁의 4대 원칙

① 고객우선주의 원칙: 고객의사 우선 존중, 경쟁유도를 위한 정부의 독점 활동 제고 및 포기, 공공부문에의 시장경쟁원리 인정, 총체적 품질관리제도의 도입 등을 주장했다.

② 행정절차개선과 규제완화 원칙: 문서 중심적 업무제도의 제거, 예산과정의 간소화, 인사관리상의 분권화 확대, 조달행정절차의 간소화, 주정부와 지방정부에 내한 권한인정, 규세 중심적 과잉규세의 완화 및 폐지, 민원행정절차의 간소화 등을 원칙으로 한다.

③ 권한 및 재량성 부여 원칙: 결과 중심적 행정을 원칙으로 하급자에 대한 권한과 재량권을 부여한다. 따라서 의사결정에서의 분권화, 권한부여에 따른 책임중심주의, 건전한 노사관계 발전 등 공무원의 성취의욕을 제고시켜 산출 지향적 행정개혁의 내용을 담고 있다.

④ 기본기능에 충실한 원칙: 경제적 합리성이 주개념으로서 비용절감, 생산성 증진을 위한 기술훈련에 집중 투자, 기능적으로 효율성이 높은 전자정부 구축을 강조하고 있다.

(3) 부시 행정부의 행정개혁 방향

① 고객 중심적, 결과 지향적, 시장기반적 행정지향
② 인적자원의 전략적 관리
③ 민간부문과 경쟁체제의 확대
④ 예산과 성과의 통합으로 재정성과의 향상추구
⑤ 전자정부의 확대 등

3. 영국의 행정개혁

(1) 대처정부의 행정개혁

① Next Steps Program(1988년)
  ㉠ 목 적: 정부업무의 분산 및 공공서비스 업무의 생산성과 능률성 확보
  ㉡ 운 영: 책임 집행기관(Agency, 사업소)을 두고 해당 기관의 자율성과 경영성 및 책임성, 자율성을 부여하여 운영시키고 있다.
  ㉢ 특 징: 경영상 신축성을 가지며, 독립적인 회계운영과 구성원은 정부기관이므로 공무원의 신분상의 지위를 가진다.
② 강제경쟁입찰제도(CCT, 1980년대)
  ㉠ 목 적: 시장 중심적 정부구현
  ㉡ 내 용: 지방정부 공사계약 주관기관의 경쟁력 강화(정부직할노동조직체)
  ㉢ 효 과: 지방정부 예산 절감, 행정의 효율성·공정성·합리성 증진

과 국민에 대한 서비스의 질을 개선

(2) 메이저 정부와 블레어 정부의 행정개혁

① 메이저 정부의 시민헌장제도
  ㉠ 목 적: 메이저 정부의 개혁 일환으로서 고객(시민)에 대한 서비스
    의 내용을 헌장에 제시하고 업무의 표준으로 삼는 동시에 이를 적
    극 실천한다는 시민과의 약속이다. 헌장제도에 밝힌 각종 행정서
    비스의 목표와 최저기준을 제시하고 시민의 불만에 따른 시민의
    보상권을 강조하고 있다.
  ㉡ 목 표: 행정서비스의 질 향상, 서비스 기준설정 및 생산과 공급에
    대한 시민의 선택기회 제공 및 증진, 행정서비스 전달체계의 효율
    화와 행정의 책임성 강조
  ㉢ 운영원칙
    ㉮ 시민에 대한 서비스 내용의 기준설정과 시민의 권리인정
    ㉯ 서비스 기준과 정보의 제공
    ㉰ 서비스에 대한 시민의 만족도 조사 및 서비스 공급자 간의 경
      쟁촉진 유발로 시민의 서비스 선택범위 확대
    ㉱ 납세자의 담세에 대응한 비용가치창조 등
    ㉲ 서비스 불만 발생에 대한 제기권 인정 및 불만시정장치의 제도
      적 마련
    ㉳ 시민에 대한 친절봉사 및 도움역할
② 블레어 정부의 서비스제일주의: 시민헌장제도의 계승발전을 위해 서비
  스제일주의로 명칭을 변경하고 보다 생산성이고 미래 지향적인 정부
  를 실현하고자 하였다.

4. OECD 선진국가의 행정개혁의 특징 및 유형

(1) 특징

① 투입중심이 아닌 비용가치증대 지향과 성과중심의 행정체제 구축
② 고객 중심적 서비스 개선의 지속 노력과 그 책임성 강조
③ 내적 민주성 증진(권한위임 및 책임성 강조)
④ 중앙정부의 집행중심에서 개발 및 전략중심체제로의 개선
⑤ 노동시장의 탄력성 지향
⑥ 조직구조의 개편과 인력감축
⑦ 지방정부의 자율성 확대
⑧ 정부조직 간의 협력 강조
⑨ 정부재창조론적 사고에서 시민재창조론적 사고로의 확대
⑩ 정부행정의 경영성을 증진시키기 위한 민간부문 활동의 적극 유치 및
   협력

(2) Peters의 정부개혁모형

구 분	시장정부모형	참여정부모형	신축적 정부모형	탈규제정부모형
정부의 핵심문제	독점	계층제	연속성	내부규제
정부조직구조	분권화된 정부	수평적	실질적 조직, 네트워크	분권화
관리개선방식	성과급, 인센티브, 민간부분의 경영기법도입	TQM, 팀제	유동적 공무원활동	자율과 책임
정책결정방식	내부시장, 시장인센티브	협의, 협상	실험, 실습	기업가적 정부
장점	비용절감, 정부관여 축소	참여확대	조정과 비용절감	창의성과 활동성

05 행정개혁에 대한 이론정리

1. 감축관리

(1) 의의

① 개념: 행정조직의 운영과 업무과정에서의 기능중복과 과다 또는 불필요한 요소들을 제거하여 능률성을 확보하는 행정활동이다. 이는 조직변동을 관리하는 개혁차원의 개념으로서 능률성을 최우선 가치로 삼고 조직기구와 기능 및 인력, 예산 등의 축소를 추구한다. 나아가서는 민영화와 탈규제와 관련되며 조직 내의 갈등을 수반하는 특징을 가지고 있다.

    ㉠ 소극적 개념: 정부의 자원이나 인력, 사업의 축소로 본다.

    ㉡ 적극적 개념: 국민의 복지증진을 위해 자원을 절약하고 효율적으로 활용하기 위한 대안의 개발까지도 포함한다.

② 감축의 기준: 능률성과 형평성을 중심으로 전체적인 관리를 중시한다.

③ 감축대상: 정부조직의 기구 및 기능, 인력, 예산, 정책 및 사업 등이 된다.

(2) 대두배경

① 신자유주의의 영향: 신자유수의의 작은 정부와 성부규세완화 추세에 따른 정부조직과 기능축소의 필요성이 확산되었다.

② 정부팽창에 대한 국민의 저항: 정부조직의 팽창은 예산의 확대를 초래하고 이에 따른 담세의 부담이 커지게 되어 정부조직과 예산의 절감을 통한 경제적 합리성을 강조하는 행정업무를 추구하게 되었다.

③ 행정수요의 변화: 국민들은 서비스에 있어서 다양성과 신속성을 요구

하게 됨에 따라 새로운 요구에 대응하는 신설기구의 필요성이 증대되
면서 기존의 불필요한 조직의 통폐합이 당연시되었다.

(3) 내용

① 조직의 감축 및 개선: 기능적으로 중복된 조직이나 불필요한 기구의
   개선과 정비를 실시한다. 부서 및 기능의 통·폐합이 감축의 수단이
   되며, 신설은 경제성이 높고 불요불급한 경우에만 인정한다. 이에 따
   라 인력을 감원할 수 있으며, 인력의 감원은 인건비의 절감으로 예산
   의 축소를 가져올 것이다.
② 민영화와 민간위탁의 확대: 공공서비스의 생산과 공급의 주체를 정부에
   서 민간으로의 이양 및 위탁을 확대한다. 이는 서비스 공급조직의 축
   소나 폐지의 효과가 있다.
③ 행정관리제도의 개선: 조직의 능률성 증진을 위해 규정 및 절차를 개선
   한다.
④ 영기준예산제도와 일몰법은 감축관리의 수단이다.

(4) 감축관리상의 고려사항

① 능률위주의 감축전략보다는 능률과 형평, 그리고 가외성이 조화되는
   방법을 고려해야 한다.
② 감축과정에서 조직원의 사기저하의 최소화와 저항 해결방안을 사전에
   마련해야 한다. 저항극복을 위해서는 감축영역 내에서 '힘(권력)의 장'
   의 분석이 필요하다.
③ 사회적 형평성과 가외성과의 조화가 중요하다. 감축관리는 능률성과
   생산성을 중시하는 반면 사회적 형평성과 가외성은 가치와 안정성 등
   을 추구함으로써 서로 상충하는 개념을 가지고 있다. 따라서 감축과
   정에서 이들을 무시한 감축을 단행할 경우 이들의 가치와 목적이 손
   상을 입기 때문에 신중한 조화가 필요하다.

④ 조직전체의 균형과 미래지향적인 관점에서 힘의 논리가 아닌 합리적이고 타당한 감축의 기준설정과 조직진단이 선행되어야 한다.
⑤ 감축으로 인한 기능과 규모의 축소이지 효율성의 축소는 아니므로 작지만 효율적인 정부기능을 달성하도록 감축의 폭과 규모를 잘 설정해야 한다.

(5) 감축관리상의 저해요인

① 조직구성원의 유지본능: 감축은 조직과 인력의 축소이므로 자신이 속해 있는 조직의 축소나 폐지를 본능적으로 원치 않는다.
② 구성원의 현상 유지적 본능: 감축으로 인한 자리 이동, 제도의 변화 등에 대해 불안감이 발생하면서 저항의식을 갖게 된다.
③ 기득권자의 반대: 개편 등 조직의 변화에 따른 기득권자들의 이해관계가 작용한다. 즉 자신의 직위와 자리문제가 이해관계의 대상이 된다.
④ 매몰비용의 문제: 감축으로 인한 행정 전반에 걸쳐 매몰비용이 발생할 수밖에 없다. 매몰비용은 결국 예산의 낭비를 의미한다.
⑤ 법적 제한성: 감축의 경우 조직개편은 필연적이다. 정부조직은 정부조직법에 의해 정해진 것이므로 조직을 바꾸려면 법 개정이 필요하기 때문이다.
⑥ 복잡한 정치적 과정이 수반: 감축관리 내용 중에서 조직개편에 관한 사항은 정치적 이해관계 또는 정치적 영향이 수반되어 복잡한 과정을 거칠 수 있다.

2. 신공공관리론

(1) 내용

① 작고 효율적인 정부

② 고객 지향적 행정
③ 기업가적 정부
④ 방향 잡기(Steering)
⑤ 공기업의 민영화와 민간위탁
⑥ 자율성 강조 및 내부통제의 대신 책임성 강조(외부통제보다 내부통제
  중심)
⑦ 성과 및 산출 중심적 행정지향
⑧ 개방형 인사제도 및 성과급 제도의 확대
⑨ 인사 및 예산규정 적용의 신축성 부여 및 제도 개선
⑩ 총체적 품질관리 도입과 책임운영기관의 확대
⑪ 민관공동체와 정부부문과의 협력체제 강화 등

3. 총체적 품질관리

(1) 개념

① 총체적 품질관리(TQM, Total Quality Management)란 생산품의 질을
  개선하는 관리기법이다. 행정조직에서는 국민에게 제공하는 행정서비
  스 질의 개선을 추구하는 활동을 말한다.
② TQM은 관리기술이라기보다는 변화지향적인 관리 철학의 성격을 띠
  고 있다.
③ MBO의 문제점을 극복하기 위한 대안으로 대두되었다.

(2) 내용 및 특성

① 장기적인 안목과 계획으로 추진
② 서비스 질의 수준을 고객의 기준으로 평가
③ 품질개선을 위한 과정과 절차의 지속적 개선과 과학적 품질관리기법

적용

④ 사후관리가 아닌 사전적 품질관리로 예방차원의 성격

⑤ 참여 중심적, 공동체, 팀워크 중시(기능적, 계층적 조직의 부정)

⑥ 자율성과 권한위임(민주적 조직관리, Y론적 관리시각)

⑦ 질적인 개념의 관리이면서도 통계적 관리체계 중시

⑧ 고객변화에 대응하는 조직의 변화학습체계가 요구

⑨ 조직의 목표와 고객의 목표의 일치 추구

⑩ 조직구성원의 행태변화(인간변화)로 품질개선 노력 추구는 미흡한 제도

⑪ 고객행정 및 민주행정에 공헌하였지만 정부업무의 특성상 적용 한계
노정

⑫ 시행절차나 규정 등 매뉴얼의 부재로 ISO-9000 품질경영전략과의
조화 필요

(3) 공공부문 도입에의 한계

① 공공부문에서의 성과 및 산출측정의 어려움(품질측정의 한계)

② 품질개선의 대상인 정부고객과 행정목표의 모호

③ 기존의 법적·조직 문화적 제약으로 관리기법 도입의 어려움: 도입에 따
른 절차개편이 요구되며, 조직의 경직성과 부처할거주의가 제약으로
작용한다.

④ 행정조직의 정치적 특성: 기관장의 교체는 지속적 적용의 어려움이 발
생한다.

(4) TQM의 효과성 증진 방안

① 공공부문의 품질개선을 위해 체계적으로 지원할 조직과 기구의 필요

② 품질경영의 철학을 이해할 수 있는 지도자들의 적극적인 관심과 이해
및 노력 필요

③ 우수부서 및 직원에 대한 각종 인사 및 경제적 보상

4. 책임운영기관

(1) 개념

① 정부기관으로서 조직의 운영상 경영성 및 자율성이 필요하다고 인정되는 공공 분야의 업무를 수행하는 조직이다.

② 행정 및 재정상의 자율성을 부여하고 운영성과에 대해 책임을 지도록 하는 행정기관이다.

③ 시장경쟁원리의 도입을 통해 행정서비스의 질을 개선하기 위한 행정개혁의 일환이다.

④ 영국의 Next Steps Program을 시작으로 개혁으로 설립된 책임경영행정조직(Agency)을 말하며, 우리나라도 적용하고 있다.

(2) 특징 및 내용

① 이원론적 관리체제: 정책의 목표결정 및 지침, 통제 등은 중앙부처가 수행하고 책임운영기관은 집행기능만 담당한다(부처의 장과 운영기관장의 목표설정 합의체제).

② 구성원의 임용 및 신분
　㉠ 책임운영기관의 장: 중앙부처의 장이 공개모집절차에 따라 5년 이내의 계약직으로 임용된다. 소속 구성원에 대한 임용권은 대통령령이나 소속 부처의 장이 위임된 범위 내에서 권한을 갖는다.
　㉡ 소속 구성원: 위임된 권한으로 책임운영기관의 장에 의해 임용된 구성원은 정부조직이므로 공무원의 신분을 가지며 정부 부처 간 인사교류가 가능하다.

③ 운영방식: 책임운영기관의 장에게 운영권한을 위임하였기 때문에 독립성과 자율성이 매우 높으며 단지 결과에 대한 책임성을 진다(책임과 권한의 일치).

④ 사업대상: 성과를 계량적으로 측정할 수 있는 사업을 대상으로 한다.

⑤ 회계법 적용은 특별회계로서 해당 법률에 정해진 것을 제외하고는 기업예산회계법의 적용을 받으며, 세입은 사업관련 수입과 타 회계로부터의 전입금과 비용부담금 등으로 구성된다.

(3) 우리나라 책임운영기관

① 내용

   ㉠ 2000년부터 선정하여 사업을 실시하였으며, 각 부처에는 책임기관 운영심의회를 둔다.

   ㉡ 기업예산회계법을 적용하며, 발생주의, 복식부기를 통한 재정의 투명도를 높이고 있다.

   ㉢ 공정한 성과평가를 위한 독립 중앙평가위원회의 역할은 행정자치부에서 실시하고 있다.

   ㉣ 특히 18청의 하나인 특허청은 중앙책임운영기관으로 지정되었으며, 기존은 소관책임운영기관이다.

② 책임운영기관의 예: 국립의료원(보건복지부), 자동차운전면허시험장(경찰청), 국군홍보관리소(국방부), 국립영상산행물제작소(국정홍보처), 국립중앙과학관(과학기술부), 국립중앙극장(문화관광부), 농업기계화연구소(농촌진흥청), 수원국도유지건설사무소 및 전국국도유지건설사무소(건설교통부), 정비창(해양경찰청) 등 총 23개 기관이 지정되어 운영되고 있다.

책임운영기관의 설치 · 운영에 관한 법률[개정 05. 12. 29], 시행일 06. 5. 1

1. 개정이유(요약)

(1) 책임운영기관의 구분

기존 법률상으로는 중앙행정기관의 소속기관에 대하여만 책임운영기관으로 지정 · 운영할 수 있었으나, 청 단위 중앙행정기관에 대하여도 책임운영기관으로 지정 · 운영할 수 있도록 책임운영기관의 종류를 소속책임운영기관과 중앙책임운영기관으로 구분한다.

(2) 규정과 특례 설정 및 미비점 보완

중앙책임운영기관의 운영 · 평가에 관한 규정과 인사 · 예산에 관한 특례를 정하는 한편, 책임운영기관운영심의회 및 책임운영기관운영위원회의 구성, 심의사항, 임기 등을 구체적으로 법률에 명시하고, 운영상 미비점을 개선 · 보완하기 위함이다.

2. 주요 내용

(1) 책임운영기관의 구분(신설): 제2조 제2항

책임운영기관을 기관의 지위에 따라 소속책임운영기관 및 중앙책임운영기관으로 구분하되, 소속책임운영기관은 중앙행정기관의 소속기관 중에서 대통령령으로 설치하는 기관으로 하고, 중앙책임운영기관은 「정부조직법」 제2조 제2항의 규정에 의거 청 중에서 대통령령으로 설치하는 기관으로 한다.

(2) 소속책임운영기관운영심의회 및 운영위원회의 설치(제12조 제2 · 5항 및 제13조 제2 · 7항) 종전에 시행령에 규정하고 있는 심의회 및 운영회의 구성, 심의사항, 임기 등을 법률에 구체적으로 명시하였다.

(3) 중앙책임운영기관장의 임기 및 책무(신설): 제40조 및 제41조

중앙책임운영기관의 장의 임기는 2년으로 하고, 1차에 한하여 연임할 수 있도록 하되, 국무총리가 부여한 목표를 성실히 이행하고 기관운영의 공익성 및 효율성 증진 등의 책무를 가진다.

(4) 중앙책임운영기관의 사업목표 및 사업운영계획(신설): 제42조

국무총리는 중앙책임운영기관별로 사업목표를 정하여 부여하여야 하고, 중앙책임운영기관의 장은 부여된 사업목표를 달성하기 위한 사업운영계획과 연도별 사업계획을 수립하여 국무총리에게 제출하여야 하며, 제출된 연도별 사업계획에는 구체적인 성과측정지표가 포함되어야 한다.

(5) 중앙책임운영기관운영심의회 및 운영위원회의 설치(신설): 제43조 및 제44조

중앙책임운영기관의 사업성과의 평가 등 기관운영에 관한 중요사항을 심의하기 위하여 중앙책임운영기관의 장 소속하에 중앙책임운영기관운영심의회를 설치하고, 중앙책임운영기관에 대한 사업목표 부여 및 기관의 존속 여부 등에 관한 중요사항을 심의 · 평가하기 위하여 국무총리 소속하에 중앙책임운영기관운영위원회를 설치하였다.

(6) 중앙책임운영기관에 대한 인사의 특례(신설): 제47조

중앙책임운영기관의 장은 「국가공무원법」 등 공무원 인사 관계법령의 규정에 불구하고 고위공무원단에 속하는 공무원 외의 소속공무원에 대한 일체의 임용권을 가진다.

(7) 중앙책임운영기관에 대한 예산 및 회계의 특례(신설): 제48조

중앙책임운영기관의 예산 및 회계에 관하여는 「예산회계법」 등 관계법령의 규정에 불구하고 소책임운영기관의 예산 및 회계에 관한 이 법의 규정을 준용한다.

5. 시민헌장제도

(1) 개념

① 고객헌장제도라고도 하며, 공공서비스를 생산, 제공하는 행정기관이

국민에 대한 약속을 구체적으로 명문화한 것이다. 즉 행정기관이 국민에 대한 약속으로서 행정서비스의 기준과 내용, 서비스 수혜의 절차와 방법, 서비스 불만에 대한 시정 및 보상조치를 구체적으로 명시하고, 공표해 놓았다.

② 공공서비스를 제공하는 기관의 의무조항과 일반 시민이 누려야 할 권리까지 명시해 놓은 고객 중심적이고 실천적인 개혁내용이다.

③ 영국의 개혁차원에서 실시된 시민헌장제도 시행이 배경이며, 소비자단체를 중심으로 제안되어 지방자치단체를 통해 자발적으로 확산되었다(1991년).

④ 미국은 고객서비스 기준을 마련해 놓고 고객의 요구사항 처리 시간 및 수준, 절차와 방법, 서비스에 대한 불만의 이의 제기절차 등을 주요 내용으로 공개하고 시행하였다(1993년).

⑤ 우리나라는 1998년 행정자치부에 의해 '행정서비스헌장 지침'이 제정되었고, 기획예산처 주관으로 공기업을 대상으로 1999년부터 실시하고 있다.

(2) 내용

① 서비스의 기준과 내용은 시민을 위주로 할 것
② 서비스의 내용은 시민 입장에서 구체적이고 명확할 것
③ 서비스 제공의 수준은 행정기관의 능력 이상의 것이 되어야 할 것
④ 서비스 제공에 있어서 합리적인 편익을 고려하여 서비스의 기준과 수준을 설정할 것
⑤ 행정기관이 제공하는 서비스에 대한 정보와 자료를 용이하고 신속하게 획득할 수 있도록 할 것
⑥ 서비스 불만과 잘못 제공된 서비스에 대한 시정 및 보상조치를 보다 명확히 할 것
⑦ 시민의 여론수렴 결과를 서비스 개선에 반영하고 개선할 것

6. 예산성과금제도

(1) 개념

① 예산의 지출을 절약하거나 국고수입을 증대시키거나 지출의 절약을 가져온 경우 그 성과의 일부를 공무원 또는 민간인 기여자에게 인센티브로 지급함으로써 예산을 절약하면서 업무를 보다 효율적으로 개선, 발전시키는 제도를 말한다.

② 2000년 1월12일 지방재정법을 개정하여 지급근거를 마련하고 동법 시행령과 지방자치단체 예산 성과금 운영규칙을 제정하여 운영하고 있다.

(2) 도입목적 및 조건

① 과거의 관행적, 답습적인 예산집행, 기구, 인력의 방만한 운영, 불필요한 사업의 무리한 추진 등 낭비적인 예산집행이 줄어들고 예산 절감을 위한 창의적인 노력이 확산되고 선의의 경쟁풍토를 조성하며, 직접 기여한 공무원에게는 보람과 긍지를 주어 사기진작과 복지향상에도 도움을 줄 것으로 전망된다.

② 예산 성과금은 특별한 노력으로 예산의 지출이 절약되거나 수입이 증대된 경우에 절약된 예산 또는 증대된 수입의 일부를 이에 기여한 자에게 지급하거나 다른 사업에 사용하는 것으로 예산절약 또는 자발적 노력을 통하여 구체적인 조건이 충족되어야 한다.

7. 의무경쟁입찰제도

(1) 개념

의무경쟁입찰제도(CCT: Compulsory Competitive Tender)는 영국의 신보수주의의 영향을 받은 정부개혁 중의 하나로서 지방정부를 대상으로 공공서비스 공급을 공공과 민간의 경쟁을 통해 공공서비스의 질적 수준과 생산성 향상을 유도하기 위한 목적으로 시행되었다.

(2) 내용

① 특정 서비스 공급에 있어서 지방정부도 반드시 경쟁 입찰을 통해야 한다는 것이다.
② 지방정부가 민간보다 더 효율적인 경우에는 직영으로 서비스를 공급할 수 있다.

(3) 문제점

① 입찰결과가 민간으로 정해졌을 때는 직영 시 공무원의 자리가 축소되는 데에 대한 저항이 따른다.
② 공공과 민간의 경쟁과 대립을 초래할 수 있다.
③ 서비스 공급의 기본목적이 서비스의 질 제고인데 저렴한 비용에 치우질 수 있나.

(4) 대안제시

① CCT를 BV(Best Value)로 전환하여 서비스의 질을 최고로 지향한다.
② BV에서는 중앙정부가 지방정부 서비스 공급에 대해 매년 성과평가를 실시하고, 결과에 따라 공급권한의 축소 및 인센티브를 제공한다.

8. 인사분야 개혁

(1) 개방형 직위제도

① 개념

1998년 김대중 정부에 도입한 제도로 개방형 직위제도는 전문성·민주성이 요구되는 직위를 선정하여 공무원 및 민간전문가 등을 대상으로 공개적 심사를 거치는 직무중심의 임용제도이다.

* 국가공무원법: "고도의 전문성이 요구되거나, 효율적인 정책수립을 위하여 필요할 경우 특정 직위에 대하여 공직 내·외부에서 공개적 모집을 하고 경쟁을 통해 적격자를 임용하는 것"이라고 규정

② 필요성

   ㉠ 기존 직업공무원제의 한계: 기존 우리나라의 인사행정은 직업공무원제, 계급제, 폐쇄형 임용제도로서 신분안정, 공직의 안정성 강화라는 측면에서 유리한 점이 있으나, 경쟁의 부재로 인한 보수성으로 인해 변화에 둔감한 관료제를 야기하였으며, 이로 인해 관료제가 특권집단화(invisible party: A. Toffler)되는 문제점을 초래하였다.

   ㉡ 공직의 전문성 강화: 폐쇄형과는 달리 개방형 임용은 공직 외부의 전문적 능력을 갖춘 인재를 채용하는 데 유리하다. 따라서 이들을 공직에 영입시켜 공직의 전문성 향상과 업무의 효율성을 높이는 데 기여한다.

   ㉢ 정치적 리더십의 강화: 개방형 임용을 통해 임용권자의 임용기능이 확대되고 재량권도 커져 행정기관의 상층부에 있는 정치적 리더십의 조직 장악력이 강화된다.

③ 개방형 직위제도의 현황 및 내용

   ㉠ 현황: 국가공무원법 제28조의 4에 근거하여 1999년 도입되었다. 실·국장급(1~3급) 직위의 20% 이내에서 공직 내·외부의 경쟁을 통해 선발하며, 2004년 현재 40개 부처, 142개 직위가 개방형

직위로 운영되고 있으며, 이 중 38개 직위가 외부 임용되었으며 외부 임용률은 30.6%에 해당한다.

  ㉡ 내용

   ㉮ 개방대상 직위의 선정: 실·국장급(1∼3급) 직위의 20% 이내와 실·국장급(1∼3급) 개방형 직위의 50/100 범위 내에서 과장급(4급) 직위로 대체가능

   ㉯ 선발기준 및 주체: 전문성, 중요성, 쇄신성, 민주성, 조정성과 민간대체인력 존재여부, 외부임용 가능성 등이 선발기준으로 추가되어 선발 주체는 중앙인사위원회로, 부처별 선발위원회에서 복수의 적격자를 추천하면 중앙인사위원회에서 최적격자를 선발한다.

  ㉢ 대 우: 계약직 공무원으로 임용하고, 임용기간은 5년(최소 2년)을 넘지 않는 범위 내에서 소속장관이 정하며, 보수는 현재 일반직의 130% 수준으로(상하 제한 없음) 성과급제의 적용을 받는다.

④ 기대효과

  ㉠ 전문성의 강화: 인재 임용 pool을 민간에게로까지 확대하면서 공직 내·외부에서 가장 적합한 능력을 가진 인재를 선출할 수 있다. 즉 공직 임용에 있어서 단순히 연공서열식 임용이 아닌, 전문가주의적 요소의 도입을 통해서 정책의 전문성을 확보할 수 있다.

  ㉡ 경쟁 도입 및 성과향상: 폐쇄형 직업공무원제로 인한 공직사회의 침체와 무사안일주의를 경쟁원리의 도입으로 해소할 수 있다.

  ㉢ 정부의 관료적 편향싱 극복. 외부로부터의 새로운 인사 영입을 통해서 정책과정의 관료적 편향성을 극복하며 유연성을 증진시킬 수 있다.

  ㉣ 개혁추진 세력의 향상: 행정조직 내 개혁추진 세력을 형성하고 정치적 리더십과 조직 장악력을 높이는 데 기여할 수 있으며 정치적 민감성도 확보할 수 있다.

⑤ 문제점

 ㉠ 공직 내의 불안: 개방형 직위제도는 기존 공무원의 승진기회를 감소시킴에 따라 공직사회 내에 불안과 사기저하를 초래할 수 있다.

 ㉡ 정치적 중립성 및 실적주의 저해: 개방형 직위제도가 엽관임용이나 정실임용으로 활용된다면 공무원의 정치적 중립과 행정의 공정성이 약화될 수 있다.

 ㉢ 국가 업무의 공공성(보안 및 공익성) 문제: 개방 임용된 공무원이 전문성만을 강조하여 개인적인 지적 독선에 빠질 경우 업무의 공공성 훼손으로 정책왜곡이 발생할 수도 있다.

 ㉣ 민간과의 유착가능성: 개방형으로 임용된 공무원은 신분보장이 안 되므로 이익집단과의 유착가능성, 포획 가능성도 지적되는데, 이를 '회전문 병폐(revolving door syndrome)'라 한다.

 ㉤ 개방 임용된 고위직의 하위직에 대한 효율적 통제의 의구심과 통제수단의 미비가 한계이다.

 ㉥ 지나친 경쟁의 강조로 조직구성원 간의 불신과 공공성 약화라는 문제점을 야기할 수 있다.

⑥ 해결방안

 ㉠ 제도에 대한 인식의 전환과 조직문화의 점증적 혁신을 추구해야 한다.

 ㉡ 과학적 인사관리시스템 구축: 직무분석·평가의 과학화 및 성과평가 측정지표의 개발, 구축 등 과학적 인사관리 시스템을 구축해야 한다.

 ㉢ 개방직위 임용자에 대한 보수와 대우를 현실화해야 한다.

 ㉣ 선발 및 임용관리

  ㉮ 개방대상 직위의 선정: 과학적인 직무분석

  ㉯ 정실인사 대책마련

  ㉰ 적극적 인재유치 전략

ⓜ 선발, 임용 후 관리

㉮ 공직사회 적응대책 마련 및 직업윤리의식 확보를 위한 교육훈련

㉯ 조직·인사·예산의 관리권 대폭위임

㉰ 성과관리: 성과측정의 객관성, 공정성, 정확성 확보

(2) 고위공무원단

① 고위공무원단제도의 의의

㉠ 고위공무원단제도는 정부의 주요 정책결정 및 관리에 있어서 핵심적 역할을 담당하는 실·국장급 공무원을 범정부적 차원에서 적재적소 활용하고 개방과 경쟁을 확대하며 성과책임을 강화함으로써 역량 있는 정부를 구현하는 제도이다.

㉡ 고위공무원단제도는 1978년 미국에서 최초 도입한 이후 영국, 호주, 캐나다 등 OECD 정부혁신선도국가들이 도입·시행 중이며, 우리나라에서는 참여정부에 들어서 본격적으로 도입이 추진, 2006년 7월부터 시행되고 있다.

㉢ 고위공무원단의 관리는 중앙인사위원회에서 실시하며, 기존의 전 공무원의 관리에서 관리의 폭이 줄어 인사관리의 효율성이 달성될 수 있다. 한편으로는 대통령의 인사권 강화라는 측면도 숨어 있는 제도이다.

② 내용

㉠ 고위공무원단 구성 및 정원관리: 실·국장급을 대상 계급 없이 직무등급과 직위중심으로 운영하는 제도이다. 대상 직위(1500명 목표)는 중앙행정기관 실·국장급의 일반직·별정직·계약직 및 외무직 공무원이 대상이며, 지방자치단체 및 지방교육청에 근무하는 국가직 고위공무원(부시장, 부지사 및 부교육감)도 포함된다.

㉡ 소속과 인사권: 모든 실·국장급 국가공무원은 일단 '고위공무원단 소속 공무원'이 되어 성과 정부적 풀 관리의 대상이 된다. 각 부

처장관은 소속에 구애되지 않고 고위공무원의 전체 풀에서 적임자를 임용·제청할 수 있으며, 이러한 절차를 거쳐 각 부처에 배치된 고위공무원에 대해서는 현행과 같이 소속장관이 인사권과 복무감독권을 행사한다.

ⓒ 정원관리방식: 계급 없이 직무등급과 직위중심 계급이 폐지되고 직무중심으로 인사관리가 이루어지게 됨에 따라 현행 계급별 정원관리방식이 직무등급과 직위중심으로 전환된다. 이에 따라 계급 구애 없는 폭 넓은 인선으로 인재를 적재적소 활용하고 직위의 직무값에 따라 부여되는 직무등급을 기준으로 성과에 따른 지급과 인사관리가 이루어지게 된다.

③ 충원방식: 개방과 경쟁

고위공무원단은 개방형 직위를 통한 민간과의 경쟁뿐만 아니라 공모직위제도를 도입하여 부처 간 경쟁을 통해 적격자를 충원하고, 기존의 실·국장급 공무원은 일괄하여 고위공무원단으로 편입되며, 고위공무원단으로 신규진입은 역량평가와 후보자 교육과정 이수가 필요하다. 충원비율은 개방형 직위(20%), 직위공모(30%), 부처자율인사(50%)로 되어 있다.

④ 능력발전과 역량강화: 역량평가제의 도입

㉠ 고위공무원 후보자 교육의 체계화: 고위공무원 후보자 교육은 고위공무원단으로의 진입에 예상되는 각 부처의 핵심 과장급이 대상이 되며, 각 부처별 연간 평균 국장급 승진 인원의 일정 배수에 해당되는 인원을 추천받아 교육을 실시한다. 각 부처 핵심과장들은 직책상 자리를 비우기 어려우므로 후보자 과정은 현업 병행방식으로 진행되며, 교육지도관별 소그룹으로 나누어 정부가 당면한 실제 정책과제를 부여하고 해결책을 모색하는 문제해결형 교육(Action Learning)이 실시된다.

㉡ 역량평가제의 도입: 역량평가제는 고위공무원단 후보자가 고위공무원에게 필요한 능력과 자질(역량)을 충분히 갖추고 있는지 평가하

는 제도로서 외부 민간전문가와 공직내부 고위공무원, 단 소속 공
무원이 포함된 다수의 평가자들이 그룹토론, 역할연기, 면접 등의
평가기법을 활용하여 실제 업무에서 나타날 수 있는 모의상황을
통해 피평가자의 행동양식을 평가하는 것이다.

⑤ 직무와 성과중심의 인사관리: 직무성과계약제 및 직무성과급제의 도입

㉠ 직무성과계약제: 성과목표·평가기준 등을 직상급자와 합의하여 1
년 단위의 성과계약을 체결하고, 목표달성도를 매년 4등급으로 구
분하여 절대 평가하는 제도이다. 이 제도는 성과목표뿐만 아니라
평가기준까지도 평가자와 피평가자 간에 합의하기 때문에 성과계
약과정에서 피평가자의 입장이 충분히 반영될 수 있는 공정한 룰
에 의한 평가체계이며, 사전에 합의된 평가기준에 의해 평가가 이
루어지므로 계량성이 약한 정부업부에 대한 성과평가에 있어서노
그 결과에 대한 당사자의 수용성을 높일 수 있다.

㉡ 직무성과급제도: 직무급과 '성과급'을 결합한 형태의 보수체계로서,
즉 직무의 난이도와 중요도를 반영한 직무등급에 따라 보수를 책
정하고 성과에 따라 보상을 차등하는 보수체계이다. 이와 함께 고
위공무원단에게는 성과와 보수의 연계성을 강화하기 위하여 성과
연봉의 비중을 확대하고 탁월한 소수에 대한 특별상여금도 지급할
계획이다.

⑥ 우수인력 선발·유지를 위한 검증시스템 강화: 적격성심사제 도입

고위공무원의 성과와 자질 등을 지속적·정기적으로 점검하여 무사안일
을 제거하고 능력과 실직 위주 풍토를 조성하기 위하여 적격성심사제를 도
입하여 운영한다. 매 수시 또는 5년마다 전 고위공무원을 대상으로 실시한
다. 정년과 신분보장은 기본적으로 유지되나 신분장의 약화를 가져온다. 특
히 수시 적격심사대상은 각 부처에서 최근 최하위로 평가받은(2년간 총 3
년) 고위공무원과 정당한 사유 없이 무보직 기간이 2년 이상인 고위공무원
소속 공무원은 보직이 가능하다(고위공무원단 적격심사위원회, 원장 – 중앙
인사위원장, 위원 – 관계부처 차관).

※ 현재 감사원은 고위공무원단제도를 도입하여 고위감사공무원단을 운영하고 있다. (* 고위공무원단 자료 및 인사계에 관한 자료는 과거 중앙인사위원회 홈페이지에서 발췌하였음)

check point

고위공무원단 인사규정

1. 제4조 고위공무원단으로 인사관리 되는 공무원의 범위
   고위공무원단으로 인사관리 되는 공무원의 범위를 파견·휴직 중인 자, 파견·휴직 기간 종료 후 복귀·복직하여 보직 없이 근무 중인 자 및 개방형 임용기간 만료 등으로 보직 없이 근무 중인 자 등으로 규정
2. 제5조 고위공무원단에 속하는 공무원에 대한 임용권의 위임
   대통령은 고위공무원단에 속하는 공무원의 신규채용, 고위공무원단 직위로의 승진임용, 고위공무원단에 속하는 공무원의 전직·강임·면직·해임 및 파면 등에 대한 임용권을 행사하고, 그 밖의 임용권에 대하여는 소속장관에게 위임
3. 제2조(2호) 및 제7조 고위공무원단 후보자 요건
   고위공무원단 후보자는 고위공무원단 후보자 교육과정을 이수한 후 역량평가를 통과한 자로서 4급 이상 공무원으로 승진소요최저연수를 갖추거나 과장급 직위에 재직한 연구관·지도관으로서 5년의 근무연수를 갖춘 자로 규정
4. 제8조 고위공무원단 후보자 교육과정의 운영
   고위공무원 후보자 교육과정의 운영주체와 고위공무원단 후보자 선발의 기준 및 방법 등을 구체적으로 정하고, 후보자 교육과정의 이수기준은 중앙인사위원회가 정하도록 함.
5. 제9조 및 제12조 고위공무원단에 속하는 공무원의 채용 및 고위공무원단 직위로의 승진임용을 위한 역량평가
   (1) 역량평가의 대상자·실시시기 및 통과기준 등을 명확히 하고, 역량평가의 방법과 역량평가 결과 미흡한 것으로 평가된 항목에 대하여 역량을 향상시키는 방안 등을 규정
   (2) 역량평가의 실시에 관한 구체적인 기준을 규정하여 투명성과 객관성을 확보하고 역량평가의 신뢰성을 제고
6. 제16조 및 제17조 고위공무원단 직위로의 승진임용 및 전보
   일반직 고위공무원단 후보자는 소속장관별 보통승진심사위원회의 선발과 중앙인사위원회의 승진심사를 거쳐 고위공무원단 직위로 승진 임용될 수 있으며, 연구직·지도직 고위공무원단 후보자는 소속장관별 보통승진심사위원회의 선발을 거쳐 고위공무원단 직위로 전보될 수 있도록 규정
7. 제18조 및 제19조 고위공무원단에 속하는 공무원의 보직관리 및 전보원칙
   고위공무원단에 속하는 공무원에게 적용될 수 있는 보직관리의 기준 및 전보제한사유를 규정하고 고위공무원단에 속하는 공무원이 보직 없이 근무할 수 있는 경우 및 고위공무원단에 특별히 적용되는 전보제한 사유를 구체적으로 정함
8. 제20조 고위공무원단에 속하는 공무원의 근무성적평정
   고위공무원단에 속하는 공무원에 대한 성과계약평가는 5개 등급으로 평가
9. 제22조 및 제27조 고위공무원단 적격심사의 절차 및 기준
   적격심사위원회의 위원 구성 및 자격기준, 적격심사의 의결기한, 적격심사위원에 대한 제척 및 기피조건과 부적격심사 기준 등
10. 제28조 별정직·계약직 고위공무원의 면직제청 등
    (1) 고위공무원단에 속하는 별정직 및 계약직공무원의 경우에도 면직제청 또는 계약해지가 가능하도록 함
    (2) 고위공무원의 직무를 계속 수행하게 하는 것이 곤란하다고 판단되는 별정직 및 계약직 고위공무원에 대하여 면직제청 또는 계약해지할 수 있는 일정한 기준을 구체적으로 정함

(3) 직무성과계약제

① 의의

직무성과계약제는 장·차관 등 기관의 책임자와 실·국장 등 고위관리자, 과장 등 중간관리자 간에 Top-down 방식으로 성과목표와 평가지표 등에 관해 공식적인 성과계약을 맺은 뒤 계약서에 명시한 목표의 달성도에 따라 인사·보수상 차별을 받는 제도이다.

② 도입 배경

행정서비스의 대상인 국민에게 미치는 편익 또는 정책영향을 극대화하기 위해 성과평가를 하는 것인데, 종래의 성과평가시스템은 산출물 평가위주였지 고객에게 미치는 최종결과를 제대로 평가하기 어려운 측면이 있었다. 더구나 평가가 어려운 정책수립 등 질적인 부분에도 성과평가의 중요성을 인식하면서 결과중심의 행정부문의 평가시스템 구축 및 성과에 대한 책임성 강화를 추구하기 위해 직무성과계약제가 도입되었다.

③ 기존 평가제도의 한계

　　㉠ 해당부처의 임무와 개인목표의 연계 미흡

　　㉡ Bottom-up 방식에 의한 실질적 평가의 미흡

　　㉢ 계량적 평가 중심

④ 도입 효과

　　㉠ 일의 방향성과 책임성의 강화

　　㉡ 최고 관리층의 책임의식향상과 조직구성원의 동기부여 강화

　　㉢ 기관장 등의 평가부담완화와 공정한 평가 가능성의 증대

⑤ 성공방안

　　㉠ 제도상의 시민참여　　　　㉡ 직무성과 계약의 명확화

　　㉢ 계약자의 집행 자율성 보장　　㉣ 공정한 평가체제 확립

(4) 인사심사제도

① 제도의 의의

고위직 공무원 인사심사제도는 국가공무원법 제7조 제3항·제4항 및 제5항의 규정에 의하여 1급~3급 일반직 공무원에 상당하는 별정직 공무원과 계약직 공무원의 채용, 그리고 1급~3급 일반직 공무원으로의 승진임용 후보자 선발에 있어서 공정성과 객관성·적격성 여부를 중앙인사위원회가 실적주의 원칙에 입각하여 사전에 검증함으로써 정책결정 계층인 고위직인사관리가 합리적이고 투명하게 이루어지도록 하는 데 그 의의가 있다. 이러한 고위직 인사심사제도는 개방형 임용제도·성과주의 인사제도 도입 등과 함께 대표적인 행정개혁 추진사례 가운데 하나이다.

② 운영 현황

위원회 구성: 총 7명으로 위원장, 상임위원 1인(사무처장 겸임), 비상임위원 5인

③ 심사대상

　　㉠ 1~3급 일반직 공무원으로의 승진과 채용

　　㉡ 1~3급(상당) 별정직 공무원의 채용

　　㉢ 1~3급(상당) 계약직 공무원의 채용

※ 심사대상에 포함되는 경우

　　㉠ 특정직 중 대통령경호실 소속 공무원의 신규채용<대통령경호실법 제5조의2 제3항>

　　㉡ 지방자치단체 소속 국가공무원

※ 심사제외 대상

　　㉠ 특정직 공무원(검사, 외무, 경찰, 소방, 교육, 군인 등)

　　㉡ 감사원 소속 직원<감사원법 제18조 제3항>

　　㉢ 입법부, 사법부, 헌법 재판소, 선거관리위원회 소속 공무원

　　㉣ 지방공무원

(5) 직위공모제

① 개념

직위공모제는 정부 내 인력을 효율적으로 활용하기 위하여 결원발생 시 정부 내 공개모집을 통하여 적격자를 선발 임용하는 제도이다.

② 적용대상 직위

  ㉠ 1급~3급 상당 일반직·별정직(개방형직위 제외)

  ㉡ 4급 이하에 대하여는 소속장관이 준용 가능

  ㉢ 지방직은 6급까지 적용

③ 공모직위 선정기준

  ㉠ 타 기관 공무원으로도 업무수행이 가능한 경우

  ㉡ 업무수행 시 타 기관의 협조·지원이 필요한 경우

  ㉢ 타 기관과의 교류를 통해 인적자원의 수준을 높이고자 할 경우

  ㉣ 승진후보자가 당해 기관 안에는 1인밖에 없는 경우 등

(6) 성과관리카드

① 도입 배경

종전의 인사기록카드는 경력과 신상 위주로 되어 있어 실제 인사 시 활용가치가 낮았고 개인의 성과 및 평가정보가 체계적으로 관리되지 못하는 문제점이 있었다. 이에 중앙인사위원회는 공무원의 업무성과에 대한 각종 평가 및 감사결과를 종합적·누적적으로 관리하여 실적과 성과에 따른 인사운영 기반을 구축하기 위해 인사기록카드를 개편하여 개인별로 성과관리카드를 마련하였다.

② 운영 현황

2005년 2월 「공무원인사기록 및 인사사무처리 규정」을 개정하여 성과관리카드의 법적 근거를 마련하였고, 5월에 성과관리카드 기록·관리 지침을 제정하여 동 제도의 운영을 위한 세부적인 내용을 규정하였다. 2005년 7월

1일 성과관리카드제도가 시행되면서 각 부처에서는 성과관리카드 기록 관리시스템을 활용하여 4급 이상 공무원의 2004년도 성과 및 평가정보를 입력하였으며, 작성된 성과관리카드는 고위직 인사심사 및 인재추천 등에 활용되고 있다.

③ 주요 내용

성과관리카드의 기록대상 정보는 개인의 주요성과, 상사의 평가의견, 외부평가와 감사결과 등으로, 행정부 소속 전 공무원은 개인별로 성과관리카드를 매년 작성하여 누적적으로 관리한다.

㉠ 주요 실적: 연도 초에 설정한 목표에 대한 한 해의 실적
㉡ 외부평가: 국무조정실의 정책평가 결과 등
㉢ 감사결과: 자체감사 및 감사원 감사 결과 변상판정/변상명령, 징계, 불문경고의 내용

④ 활용방안

성과관리카드는 각 기관에서 승진, 보직관리, 교육훈련 등 각종 인사관리의 기초자료로 활용되고, 고위공무원의 인사심사 시에 필수 심사 자료로 활용된다. 또한 5급 이상 공무원의 성과관리카드는 국가인재DB와 연계되어 고위공무원단 적격심사자료, 정무직 및 정부산하기관장 후보 심사자료 등으로 적극 활용되고 있다.

⑤ 향후 계획

중앙인사위원회는 직무성과계약평가 등의 근무성적 평정결과와 성과관리카드를 전자인사관리시스템(PPSS) 상에서 연계하여 성과관리카드 관리의 편리성을 제고하고, 다양한 성과정보를 추가로 기록하고 활용의 근거를 마련하여 각종 인사운영 시 성과관리카드의 활용을 활성화할 계획이다.

(7) 성과계약제

① 도입 배경

공공기관의 성과를 관리하는 목적은 행정서비스의 고객이라고 할 수 있

는 '국민에게 미치는 편익 또는 정책영향을 극대화'하는 것이다. 그럼에도 불구하고, 종래의 성과평가시스템은 산출물에 대한 평가에 치중한 측면이 있어 고객에게 미치는 최종결과를 제대로 평가하기 어려운 측면이 있었다. 더구나, 평가가 어려운 정책수립 등 질적인 부분에도 성과평가를 위한 노력이 있어야 한다는 인식도 공직사회 내·외부적으로 꾸준히 제기되어 왔다. 이런 추세에 맞춰 중앙인사위원회에서는 결과중심의 행정부문의 평가시스템 구축 및 성과에 대한 책임성 강화를 추구하기 위해 직무성과계약제를 도입하기에 이르렀다.

② 개념

직무성과계약제는 장·차관 등 기관의 책임자와 실·국장, 과장 간에 공식적인 성과계약(Performance Agreement)을 체결하여 성과목표 및 지표 등에 관하여 합의하고, 당해 연도의 「직부성과계약」에 의해 개인의 근무성적을 평가하고, 평가결과를 성과급, 승진 등에 반영하는 인사관리시스템이다.

③ 외국의 성과계약제 운영 사례

㉠ 캐나다 고위공무원단의 성과계약: 부처의 장관과 고위공무원단(Executive Group) 구성원 간에 연중 수행과제와 성과지표 등을 계약으로 체결하고, 평가결과를 기본급 인상, 일시불 성과급 등에 반영한다. 호주 인사처의 성과계약인사처의 처장(Commissioner)과 고위공무원 간, 단계적으로 관리자 간에 개인별 직무기술서, 성과책임, 성과표준 등을 근거로 성과계약을 체결, 사업계획과 성과에 대한 피드백을 6개월마다 실시하며 평가결과는 개인의 보수와 인사평가에 반영한다. 영국 고위공무원단(SCS)의 성과계약부치의 장관과 고위공무원단 구성원 간에 업무목표와 업무수행방법 등에 관한 계약을 체결하고, 평가결과에 따라 상여금(bonus)을 차등 지급하는 한편, 익년도 성과계약의 기초로 활용되고 있다.

㉡ 뉴질랜드의 사무차관 및 고위공무원단(SES)의 성과계약: 부처의 장관과 사무차관 및 고위공무원단 구성원이 계약대상자로서, 인사위원회(SSC)위원장이 각 부의 사무차관 및 고위공무원단 구성원과 면

담을 실시하여 성과계약의 달성도를 평가하며, 평가결과는 해당부처 장관에게 제출되며 재계약 여부 등에 활용된다.

④ 향후계획

　㉠ 중앙인사위원회에서는 지난 2004년 10월「직무성과계약제」를 도입하여 시범 실시하였으며, 2005년부터는 전 중앙행정기관으로의 확산을 추진하여 50개 기관 중 48개 기관에서 도입하여 운영하였다.

　㉡ 향후 직무성과계약제를 통해 각 부처의 성과관리가 제대로 이루어져 국민에게 제공되는 행정서비스가 더욱 향상될 수 있도록 각 부처의 직무성과계약제 운영을 지속적으로 지원해 나갈 것이다. 이를 위해 발굴된 모범사례와 성과관리전문가 네트워크를 바탕으로 부처별 현장지원을 실시하고, 아울러 목표의 설정과 지표개발의 방법론을 더욱 연구·발전시키는 등 최선의 노력을 기울여 나갈 계획이다.

(8) 공무원 퇴출제

① 도입 배경

　㉠ 1948년 정부 수립 이후 우리의 공직사회는 조직의 효율성과 대다수 공무원들의 성실성을 바탕으로 경제발전에 크게 기여해 왔다. 그러나 자원난과 국가경쟁력 시대에 걸맞지 않는 무사안일주의와 같은 관료적 병리행태를 보여 경쟁력 저하와 생산성과 전문성 저하로 국민들의 빈축을 사 왔다.

　㉡ 공직사회의 인사혁신이라고 할 수 있는데, 공무원의 신분보장을 지켜온 국가공무원법이 1963년 제정된 이래로 공무원이라는 직업은 결코 깨질 수 없는 '철밥통'을 의미하는 단어로 인식되어 왔다. 정년까지 보장되는 공무원의 인사시스템으로 인해 '무사안일주의'와 '태만의 늪'에 빠져 있는 일부 공직자들을 보다 경쟁적이고 생산성 있는 공직풍토를 조성하기 위함이다.

ⓒ 울산시에서 시작된 '무능공무원 퇴출제'가 서울시를 비롯한 각 지
방자치단체를 시작으로 행정안전부 등 중앙부처로까지 확산되었
다. 서울시의 퇴출제는 다른 지방자치단체는 물론 산하 공기업에
도 영향을 미쳐 서울메트로가 일 순위가 되고 있다.

② 서울시 퇴출제 운영

㉠ 서울시는 2007년 '무능·태만 공무원 3% 퇴출제'를 시행한 데 이
어 2008년에는 중하위직을 대상으로 한 새 인사시스템인 '헤드헌
팅·드래프트제'를 도입해 일하는 공직풍토를 조성한다. 하지만
'3% 퇴출제'가 소리만 요란했을 뿐 별다른 성과를 거두지 못하고
평가기준이 명확하지 않아 직원들의 '줄서기'와 위화감을 조성할
수도 있다는 우려의 목소리가 나오고 있다.

㉡ 2007년에 업무 능력이 떨어지거나 근무 태도가 불량한 직원 102
명을 가려 현장시정지원단에 배치했다. 이들은 한강둔치 청소, 도
로안내표지판 조사, 노숙인 시설 봉사 등의 업무에 투입됐다. 자기
진단과 직무능력 향상 등을 위한 심화교육도 받았다. 6개월 활동
후 55명이 복귀했고, 나머지 47명은 현직에서 배제됐다.

㉢ 서울지하철 1~4호선을 운영하는 서울메트로가 2010년까지 전체
인력의 20%를 줄이는 감축안을 내놓는 등 시 산하 5개 공기업이
10% 안팎의 인력을 줄인다. 자치구에서도 '무능·불친절 공무원 퇴
출' 바람이 불고 있다.

③ 서울시 퇴출현황과 한계

㉠ 현장시정지원단의 경우 전체 102명 중 현직에서 배제된 인원은 47
명에 불과하다. 사유별로는 자진퇴직 13명, 해임 등 5명, 정년퇴직
12명, 재교육 17명(휴직 4명 포함) 등이어서 정년퇴직과 재교육 대
상자를 제외하면 퇴출제에 따라 공직생활을 접은 공무원은 고작
18명에 그친다.

㉡ 서울시가 2010년까지 1,300여명을 줄이기로 한 구조조정안 역시

퇴출이 아니라 정년에 따른 자연 감소 인원을 모두 채우지는 않겠
다는 것이다. 예를 들어 행정·기술직의 경우 10명이 정년퇴직하면
그 절반만 채운다는 식이다. 서울시 산하 5개 공기업도 직원 1만
9,600여 명 중 10%인 2,000여 명을 줄이겠다는 방침이다. 하지만
이 역시 정년퇴직과 자회사 설립 등으로 인력을 감축한다는 계획
이이어서 '무늬만 개혁'이라는 지적을 받고 있다.

참고문헌

김정렬(2000). 「정부의 미래와 거버넌스: 신공공관리와 정책네트워크」, 한국행정학보, 33(2).

김준기(2000). 「정부 – NGO 관계의 이론적 고찰: 자원의존모형의 관점에서」, 한국정책학보, 9(2).

김호진(2005). 「한국정치체제론」, 박영사.

백완기(1987). 「행정학」, 박영사.

안해균(1986). 「현대행정학」, 다산출판사.

정용덕 외(1999). 「합리적 선택 신제도주의」, 대영문화사.

최병선(1992). 「정부규제론」, 법문사.

최창호 (2004). 「새행정학」, 삼영사.

이도형/김정렬(2007). 「비교발전행정론」, 박영사.

Dimock, M. E.(1936). *The Criteria and Objectives of Public Administration*. In J. M.

Fayal, H.(1949). *General and Industrial Management*. Trans. by C. Storrs, London: Pitman.

Fox, C. J. & Miller, H. T.(1995). *Postmodern Public Administration*: Toward Discourse. London: Sage Publications.

Frederickson, H. G.(1971). Toward a New Public Administration. In Frank Marini(ed.), *Toward a New Public Administration*. Scranton, P. A.: Chandler Publishing Company.

FuKuyama, F.(1995). *Trust: The Social Virtues and the Creation of Prosperity*. New York: Free Press.

Gaus, L. D. White & M. E. Dimock(eds.), *The Frontiers of Public Administration*. Chicago: Univ. of Chicago Press.

Harmon, M. I.(1981). *Action Theory for Public Administration*. N. Y.: Longman.

Kiel, L. D.(1994). *Managing Chaos and Complexity in Government: A New Paradigm for managing Change, Innovation, and Organizational Renewal*. San Francisco:

Jossey — Bass.

Leibenstrin, H.(1966). Allocative Efficiency vs X — efficiency. *American Economic Review*, 56(6).

Niskanen, Jr., W. A.(1971). *Bureaucracy and Representative Government*. Chicago: Aldine Publishing Co.

Osborne, D. & Gaebler, T.(1992). *Reinventing Government: How the Entrepreneurial Spirit is Transforming the Public Sector*. M. A.: Addison — Wesley Publishing Company, Inc.

Ostrom, N.(1989). The Intellectual Crisis in American Public Administration (2nd ed.), Tuscaloosa: The Univ. of Alabama Press.

Peters B. G. & Pierre, J.(1998). Governance Without Government? Rethinking Public Administration. *Journal of Public Administration Research and Theory*, 8(2).

Rawls, J.(1971). *A Theory of Justice*. Cambridge: Harvard Univ. Press.

Rhodes, R.(1996). *The Governance*. Political Studies, 44.

__________(1997). *Understanding Governance: Political Networks, Governance, Reflexivity and Accuntablity*. Buckingham: Open Univ. Press.

Riggs, F. W.(1961), *The Ecology of Public Administration*. New Delhi: Asia Publishing House.

Sabatier, P. & Mazmanian, D.(1980). *The Implementation of Public Policy: A Framework of Analyis*. Policy Studies Journal, 8.

Senge, P.(1990). The Fifth Discipline: The Art and Practice of Learning Organization. N. Y.: Doubleday/Currency.

Siegel, G. B. & Myrtel, R. C.(1985). *Public Personnel Administration: Concept and Practice*. Boston: Houghton Mifflin.

Simon, H. A.(1968). Administrative Behavior(2nd ed.), N. Y.: Free Press.

Taylor, F.(1911). *The Principles of Scientific Management*. N. Y.: Harper & Row.

Waldo, D. W.(1955). *The Study of Public Administration*. Garden City, N. Y.: Doubleday.

찾아보기

서상원

▌약력

고려대 행정학 박사

(전)국방개혁위원회 연구위원

(전)대구대학 전임연구원

(현)고려대 정부학연구소 선임연구원

(현)(사)남도발전연구원 연구위원

(현)한국물류산학연협회 전임강사

(현)한경대, 백석대, 강남대 등 강사

▌주요논문 및 저서

『조직관리론』, 『오아시스행정학』, 『인사행정』, 『정책론』, 『유통마케팅론』

「공공서비스 공급방식의 전략적 결정사례 분석」

「선진국 행정개혁의 성과평가와 함의」 등

초판인쇄 | 2009년 4월 24일
초판발행 | 2009년 4월 24일

지은이 | 서상원
펴낸이 | 채종준
펴낸곳 | 한국학술정보㈜
주 소 | 경기도 파주시 교하읍 문발리 513-5 파주출판문화정보산업단지
전 화 | 031) 908-3181(대표)
팩 스 | 031) 908-3189
홈페이지 | http://www.kstudy.com
E-mail | 출판사업부 publish@kstudy.com

등 록 | 제일산-115호(2000. 6. 19)
가 격 | 21,000원

ISBN   978-89-534-2399-2 13350 (Paper Book)
       978-89-534-7155-9 18350 (e-Book)

이담
Books 는 한국학술정보(주)의 지식실용서 브랜드입니다.